CINCO PONTOS

JOHN PIPER
CINCO PONTOS

EM DIREÇÃO A UMA EXPERIÊNCIA MAIS
PROFUNDA DA GRAÇA DE DEUS

P665c   Piper, John, 1946-
        Cinco pontos : em direção a uma experiência mais profunda da graça de Deus / John Piper ; [traduzido por Francisco Wellington Ferreira]. – São José dos Campos, SP : Fiel, 2014.
        128 p. ; 14x21cm.
        Tradução de: Five points: towards a deeper experience of God's grace.
        Inclui referências bibliográficas.
        ISBN 978-85-8132-183-7

        1. Soteriologia. 2. Teologia cristã. I. Título.

                                                    CDD: 234

Catalogação na publicação: Mariana Conceição de Melo – CRB07/6477

Cinco Pontos
Em direção a uma experiência
mais profunda da graça de Deus
Traduzido do original em inglês
Five Points Towards a Deeper Experience of God's Grace
por John Piper
Copyright ©2013 The Desiring God Foundation

∎

Publicado por Christian Focus Publications Ltd.,
Geanies House, Fearn, Ross-shire,
IV20 1TW, Scotland, Great Britain

Copyright © 2014 Editora Fiel
Primeira Edição em Português: 2014

Todos os direitos em língua portuguesa reservados por Editora Fiel da Missão Evangélica Literária

PROIBIDA A REPRODUÇÃO DESTE LIVRO POR QUAISQUER MEIOS, SEM A PERMISSÃO ESCRITA DOS EDITORES, SALVO EM BREVES CITAÇÕES, COM INDICAÇÃO DA FONTE.

∎

Diretor: Tiago J. Santos Filho
Editor-chefe: Vinicius Musselman
Editor: Tiago J. Santos Filho
Tradução: Francisco Wellington Ferreira
Revisão: Márcia Gomes
Diagramação: Rubner Durais
Capa: Rubner Durais

ISBN: 978-85-8132-183-7

Caixa Postal, 1601
CEP 12230-971
São José dos Campos-SP
PABX.: (12) 3919-9999
www.editorafiel.com.br

ÍNDICE

Prefácio 7

1. Raízes históricas 11

2. Depravação total 19

3. Graça irresistível 29

4. Expiação limitada 45

5. Eleição incondicional 67

6. Perseverança dos santos 79

7. O que os cinco pontos significam para mim:
   Um testemunho pessoal 97

8. Testemunhos conclusivos 109

9. Um apelo final 121

ÍNDICE

PREFÁCIO

Os cristãos amam a Deus. Ele é o nosso grande tesouro, e nada pode ser comparado a ele. Um importante catecismo antigo afirma: "Deus é um espírito, infinito, eterno e imutável, em seu ser, sabedoria, poder, santidade, justiça, bondade e verdade".[1] Este é aquele a quem amamos. Amamos todas as suas perfeições. Conhecê-lo, ser amado por ele e tornar-se semelhante a ele é o fim da busca de nossa alma. Deus é a nossa "grande alegria" (Sl 43.4).

Ele é infinito – e isso satisfaz nosso anseio por completude. Ele é eterno – e isso satisfaz nosso anseio por permanência. Ele é imutável – e isso satisfaz nosso anseio por estabilidade e segurança. Não há ninguém como Deus. Nada pode ser comparado a ele. Riqueza, sexo, poder, popularidade, conquista, produtividade, grande realização – nada se pode comparar a Deus.

1 Breve Catecismo de Westminster, Pergunta 4.

QUANDO O NEVOEIRO SE DISSIPA

Quanto mais conhecemos a Deus, tanto mais queremos conhecê-lo. Quanto mais nos banqueteamos da comunhão com ele, mais fome sentimos de comunhão em maior profundidade e riqueza. A satisfação, nos níveis mais profundos, gera um anseio santo pelo tempo em que teremos o poder de Deus para amá-lo.

Isto foi o que Jesus rogou por nós ao seu Pai: "Que o amor com que me amaste esteja neles, e eu neles esteja" (Jo 17.26). Ansiamos por isto: que o próprio amor que o Pai tem pelo Filho nos encha, capacitando-nos a amar o Filho com a magnitude e a pureza do amor do Pai. Então, as frustrações e inconveniências de amor inadequado acabarão.

Sim, quanto mais conhecemos a Deus, e o amamos, e confiamos nele, tanto mais anelamos conhecê-lo. Essa é a razão por que escrevi este livro. Anseio conhecer a Deus e gozá-lo. E quero o mesmo para você. O importante catecismo antigo pergunta: "Qual o fim principal do homem?" e responde: "O fim principal do homem é glorificar a Deus e *gozá-lo* para sempre".[2] Gozar a Deus é a maneira de glorificá-lo, porque *Deus é mais glorificado em nós quando somos mais satisfeitos nele.*

No entanto, para gozá-lo, precisamos conhecê-lo. Ver é experimentar. Se Deus permanece um nevoeiro obscuro e vago, podemos ficar intrigados por um tempo. Mas não ficaremos estupefatos de alegria quando o nevoeiro clarear e nos virmos à beira de um vasto precipício.

---

2 Breve Catecismo de Westminster, Pergunta 1.

PREFÁCIO

LUTA DIGNA

Minha experiência é que o conhecimento de Deus, baseado na Bíblia, é a combustão que sustenta o fogo das afeições por Deus. E, talvez, o tipo de conhecimento mais crucial seja o conhecimento do que ele é na salvação. É disso que tratam os cinco pontos do calvinismo; não do poder e da soberania de Deus em geral, mas de seu poder e de sua soberania na maneira como ele salva pessoas. Essa é a razão por que estes pontos são, às vezes, chamados de *doutrinas da graça*. Para experimentarmos plenamente a Deus, precisamos saber como ele age, mas também, em especial, como ele *nos* salva – como ele me salvou?

Não começo como uma calvinista, nem defendo um sistema. Começo como um cristão que crê na Bíblia e deseja colocá-la acima de todos os sistemas de pensamento. Mas, no decorrer dos anos – muitos anos de luta – tenho aprofundado minha convicção de que os ensinos calvinistas sobre os cinco pontos são bíblicos e, por isso, verdadeiros e, consequentemente, um caminho precioso para experiências mais profundas da graça de Deus.

Minha própria luta me torna mais paciente com os outros que estão no caminho. E, em um sentido, estamos todos no caminho. Mesmo quando conhecemos as coisas de maneira bíblica e verdadeira – coisas tão claras e preciosas que somos capazes de morrer por elas – ainda vemos como por espelho (1Co 13.12). Pode haver muitas lágrimas quando procuramos julgar nossas ideias pelo fogo provador da Palavra de Deus.

No entanto, toda a luta para entendermos o que a Bíblia ensina sobre Deus vale a pena. Deus é uma rocha de fortaleza em um mundo de areia movediça. Conhecê-lo em sua soberania é tornar-se como um carvalho no vendaval de adversidade e confusão. E, com essa fortaleza, há doçura e ternura inimagináveis. O soberano Leão de Judá é o amável Cordeiro de Deus.

Minha oração por você

Oro para que você seja ajudado. Por favor, não pense que precisa ler estes breves capítulos em ordem específica. Talvez você queira pular a introdução histórica porque não é diretamente relevante às questões bíblicas. Há uma ordem intencional no livro, mas sinta-se livre para começar onde lhe parecer mais urgente. Se você obtiver alguma ajuda ali, depois poderá voltar ao restante do livro. Se não, então apenas retorne à Bíblia e a leia com todo o empenho. De qualquer maneira, é nisto que espero você termine: lendo, entendendo, desfrutando e amando a Palavra de Deus, obedecendo a ela e não à minha palavra. Espero que, por causa de nosso encontro neste livro, você se mova "em direção a uma experiência mais profunda da graça de Deus".

Capítulo Um

RAÍZES HISTÓRICAS

João Calvino, o famoso teólogo e pastor de Genebra, morreu em 1564. Ele foi, com Martinho Lutero na Alemanha, a força mais influente da Reforma Protestante. Seus comentários e suas *Institutas da Religião Cristã* ainda exercem influência tremenda na igreja cristã em todo o mundo.

As igrejas que herdaram os ensinos de Calvino são designadas "reformadas" em contraste com os segmentos luteranos ou episcopais/anglicanos da Reforma. Embora nem todas as igrejas batistas sustentem uma teologia reformada, há uma importante tradição batista que resultou dessa corrente, e ainda estima as doutrinas centrais desse braço da Reforma.

Armínio e os remonstrantes

A controvérsia entre o arminianismo e o calvinismo surgiu na Holanda, no início dos anos 1600. O fundador do grupo arminiano foi Jacó Armínio (1560-1609). Ele estudou em Genebra, sob o ministério de Teodoro Beza, sucessor de Calvino, e se tornou um professor de teologia na Universidade de Leyden em 1603.

Gradualmente, Armínio veio a rejeitar certos ensinos calvinistas. A controvérsia se espalhou por toda a Holanda, onde a Igreja Reformada era a maioria. Os arminianos formularam seu credo em Cinco Artigos e os apresentaram perante as autoridades políticas da Holanda em 1610, sob o nome de Remonstrância, assinado por 46 ministros.

A resposta oficial calvinista veio do Sínodo de Dort, realizado de 13 de novembro de 1618 a 9 de maio de 1619, para considerar os Cinco Artigos. Havia 84 membros e 18 delegados seculares. O sínodo escreveu o que se tornou conhecido como Cânones de Dort. Estes ainda fazem parte da confissão eclesiástica da Igreja Reformada na América e da Igreja Cristã Reformada. Eles afirmam os Cinco Pontos do Calvinismo em resposta ao Cinco Artigos dos remonstrantes arminianos.

Assim, os chamados Cinco Pontos não foram escolhidos pelos calvinistas como um sumário de seu ensino. Eles emergiram como uma resposta aos arminianos, que escolheram estes cinco pontos para discordarem deles.

No âmago da teologia bíblica

Apresentar uma posição bíblica positiva sobre os cinco pontos é mais importante do que saber a forma exata da controvérsia original. Estes cinco pontos estão no âmago da teologia bíblica. Não são insignificantes. A nossa posição sobre eles afeta profundamente o nosso ponto de vista sobre Deus, o homem, a salvação, a expiação, a regeneração, a segurança de salvação, a adoração e missões.

Em algum momento ao longo da história (ninguém sabe com certeza quando ou como), os cinco pontos foram resumidos, em inglês, no acrônimo TULIP.

T – [*Total depravity*] – depravação total
U – [*Unconditional election*] – eleição incondicional
L – [*Limited atonement*] – expiação limitada
I – [*Irresistible grace*] – graça irresistível
P – [*Perseverance of the saints*] – perseverança dos santos

Não afirmo que estes cinco pontos exaurem as riquezas da teologia reformada. Vários escritores, especialmente aqueles de orientação mais presbiteriana, argumentam hoje que muitas pessoas (como eu, um batista) são chamadas calvinistas, embora não adotem todos os aspectos da tradição reformada. Por exemplo, Richard Miller, em seu livro *Calvin and the Reformed Tradition*[1] [Calvino e a Tradição Reformada], e Kenneth J. Stewart, em *Ten Myths About Calvinism*[2] [Dez Mitos sobre o Calvinismo], deixam claro que Calvino e o conjunto de doutrinas que fluem de seus labores são mais amplos, mais

---

1 Richard Muller, *Calvin and the Reformed Tradition* (Grand Rapids: Baker Books, 2012), pp. 51-69.
2 Kenneth J. Stewart, *Ten Myths About Calvinism* (Downers Grove, Illinois: Inter-Varsity Press, 2011), pp. 75-96.

profundos e mais multifacetados do que os cinco pontos que focalizamos aqui. Os cinco pontos se focalizam no ato central de Deus em salvar pecadores. Também não afirmo que estas designações para as cinco doutrinas da graça são as melhores. Como qualquer abreviação de uma doutrina, elas estão sujeitas a má compreensão. Justin Taylor nos oferece um resumo proveitoso de várias tentativas de reafirmar estas verdades.[3]

Por exemplo, Timothy Gregory prefere ROSES em lugar de TULIP: depravação radical, graça avassaladora, eleição soberana, vida eterna, redenção singular. Roger Nicole prefere o acrônimo GOSPEL (que forma seis pontos): graça, graça obrigatória, graça soberana, graça que faz provisão, graça eficaz e graça duradoura.

Outros abandonam totalmente o esforço de fazer um acrônimo. Por exemplo, James Montgomery Boyce sugere: depravação radical, eleição incondicional, redenção particular, graça eficaz, graça perseverante. Greg Forster propõe:

- Estado do homem antes da salvação: totalmente corrompido
- Obra do Pai na salvação: escolha incondicional
- Obra do Filho na salvação: salvação pessoal
- Obra do Espírito na salvação: transformação sobrenatural
- Estado do homem depois da salvação: perseverança na fé

---

3 http://thegospelcoalition.org/blogs/justintaylor/2011/11/08/tweaking-the-tulip/, acessado em 29/5/2013.

Também não afirmo que esta ordem das doutrinas (T-U-L-I-P) seja necessariamente a mais proveitosa quando ensinamos o que elas significam. Certamente, há uma boa razão para esta ordem. Ela começa com o homem em necessidade de salvação (depravação total) e, em seguida, apresenta, na ordem de ocorrência, os passos que Deus toma para salvar seu povo. Ele elege (eleição incondicional); envia Jesus para expiar os pecados dos eleitos (expiação limitada); atrai irresistivelmente o seu povo à fé (graça irresistível) e, por último, age para fazê-los perseverar até ao fim (perseverança dos santos).

No entanto, descobri que as pessoas assimilam mais facilmente estes pontos se os abordarmos na ordem em que nós mesmos os experimentamos como cristãos:

1. Experimentamos, primeiramente, a nossa depravação e necessidade de salvação.
2. Experimentamos a graça irresistível de Deus nos levando à fé.
3. Confiamos na suficiência da morte expiatória de Cristo pelos nossos pecados.
4. Descobrimos que, por trás da obra de Deus em expiar nossos pecados e levar-nos à fé, estava a eleição incondicional de Deus.
5. E, por último, descansamos em sua graça eletiva que nos dá o poder e a vontade de perseverarmos até ao fim.

Esta é a ordem que seguimos nas páginas adiante. Tentarei expor o que creio que as Escrituras ensinam sobre estes cinco pontos. Meu grande desejo é aprofundar nossa experiência da graça de Deus e honrá-lo, por entender e crer em sua verdade revelada na Escritura. Oro para que eu esteja aberto a mudar qualquer de minhas ideias que seja mostrada como contrária à verdade da Escritura. Não tenho nenhum interesse especial no próprio João Calvino e penso que algumas das coisas que ele ensinou são erradas. Mas, em geral, estou disposto a ser chamado de calvinista dos cinco pontos, porque esta designação tem sido vinculada a estes cinco pontos durante séculos e porque acho que a posição calvinista é fiel à Escritura. A Bíblia é a nossa autoridade final.

Compartilho os sentimentos de Jonathan Edwards, que disse, no prefácio de sua grande obra *The Freedom of the Will* [A Liberdade da Vontade]:

> Não devo considerar errado o ser chamado calvinista por motivo de distinção; embora negue totalmente uma dependência de Calvino ou que creio nas doutrinas que sustento porque ele cria nessas mesmas doutrinas e as ensinava; e não posso, com justiça, ser acusado de crer em cada doutrina tal como ele a ensinou.[4]

---

4 *The Freedom of the Will* (1754), ed. Paul Ramsey (New Haven, Conn.: Yale Universitt Press, 1957), p. 131.

Para alguns leitores, pode ser proveitoso resumir o significado de cada um dos cinco pontos, antes de seguirmos para os detalhes bíblicos. Talvez esse antegosto desperte algum senso da razão pela qual creio que estas verdades exaltam a preciosa graça de Deus e proporcionam gozo indizível a pecadores que perderam a esperança de salvar a si mesmos.

Depravação total

Nossa corrupção pecaminosa é tão profunda e tão forte que nos torna escravos do pecado e moralmente incapazes de vencermos nossa rebelião e cegueira. Esta incapacidade de salvarmos a nós mesmos é *total*. Somos completamente dependentes da graça de Deus para vencer nossa rebelião, para dar-nos olhos para ver e atrair-nos eficazmente ao Salvador.

Eleição incondicional

A eleição de Deus é um ato incondicional da graça livre, dada por meio de seu filho Jesus, antes de o mundo existir. Por meio deste ato, Deus escolheu, antes da fundação do mundo, aqueles que seriam libertos da escravidão ao pecado e levados ao arrependimento e à fé salvadora em Jesus.

Expiação limitada

A expiação de Cristo é *suficiente* para todas as pessoas e *eficaz* para aqueles que creem nele. Não é limitada em seu valor e suficiência para salvar todos que crerem. Mas a eficácia *plena* e *salvadora* da expiação que Jesus realizou é limitada àqueles para os quais esse efeito salvador foi preparado. A disponibilidade da suficiência total da expiação é para todas as pessoas. Quem quiser – quem crer – será coberto pelo sangue de Cristo. *E* na morte de Cristo há o propósito divino de realizar a promessa da nova aliança para a noiva eleita de Cristo. Portanto, Cristo morreu por todos, mas não por todos na mesma maneira.

GRAÇA IRRESISTÍVEL

Isto significa que a resistência que todos os seres humanos exercem cada dia contra Deus (Rm 3.10-12; At 7.51) é vencida maravilhosamente, no tempo próprio, pela graça salvadora de Deus, em favor de rebeldes indignos, os quais ele escolhe salvar espontaneamente.

PERSEVERANÇA DOS SANTOS

Cremos que todos os que são justificados vencerão a luta da fé. Eles perseverarão na fé e não se renderão ao inimigo de sua alma. Esta perseverança é a promessa da nova aliança, obtida pelo sangue de Cristo e operada em nós pelo próprio Deus, não para diminuir, mas para estimular e dar poder à nossa vigilância; para que digamos no final: *combati o bom combate; não eu, mas a graça de Deus comigo* (2Tm 4.7; 1Co 15.10).

Voltamo-nos agora para uma explicação e justificação bíblica de cada um dos cinco pontos. Meu desejo não é provar que estou correto, e sim que a Palavra de Deus seja verdadeiramente explicada e nossa mente seja enternecida para receber o que realmente está ali.

Capítulo Dois

DEPRAVAÇÃO TOTAL

Quando falamos em depravação do homem, queremos denotar a sua condição natural, sem qualquer graça exercida por Deus para restringir ou transformar o homem.

A totalidade dessa depravação não é, evidentemente, que o homem faz tanto mal quanto poderia fazer. Sem dúvida, o homem poderia fazer, para com seu próximo, mais atos maus do que ele faz. Mas, se ele é restringido de fazer mais atos maus por motivos outros que não sua alegre submissão a Deus, então, até a sua "virtude" é má aos olhos de Deus. Romanos 14.23 diz: "Tudo o que não provém de fé é pecado".[1] Isto é

---

1 Concordo com Thomas Schreiner em dizer que este versículo é inserido no texto precisamente porque é uma máxima abrangente que possui forte confirmação bíblica: agir sem fé é pecar. "Portanto, Agostinho estava certo em afirmar (*On the Proceedings of Pelagius* 34; *On the Grace of Christ* 1.27; *On Marriage and Concupiscence* 1.4; *Against Two Letters of the Pelagians* 1.7, 3.14; *On the Predestination of the Saints* 20) que qualquer ato feito sem fé é pecado." *Romans*, Baker Exegetical Commentary on the New Testament, Vol. 6 (Grand Rapids, MI: Baker, 1998), p. 739. Schreiner ressalta que Paulo poderia facilmente ter formulado um argumento mais restrito se houvesse terminado na primeira parte do versículo 23: "Mas aquele

uma acusação radical de toda "virtude" natural que não flui de um coração que confia humildemente na graça de Deus.

Um exemplo pode tornar mais clara esta acusação a respeito de muitas dessas "bondades" humanas. Suponha que você seja o pai de um adolescente. Você lembra ao seu filho que lave o carro antes usá-lo para levar os amigos ao jogo de basquete à noite. Antes, ele concordara em fazer isso. Mas fica bravo e diz que não quer. Você lhe recorda amável e firmemente a promessa já feita e lhe diz que isso é o que você espera. E lhe diz: "Bem, se quer usar o carro hoje à noite, já concordou em lavá-lo". Ele deixa a sala, furioso. Depois, você o vê lavando o carro. Mas não está fazendo-o por amor ou por um desejo cristão de honrar você como seu pai. Ele quer ir ao jogo com os amigos. Isso é o que constrange a sua "obediência". Coloquei "obediência" entre aspas porque ela é somente externa. O coração do adolescente está errado. Isto é o que pretendo dizer quando falo que toda "virtude" humana é depravada, se não procede de um coração de amor ao Pai celestial – embora o comportamento se conforme às normas bíblicas.

A condição terrível do coração do homem nunca será reconhecida por pessoas que a avaliam apenas em relação às outras pessoas. Seu filho levará os amigos para o estádio de basquete.

---

que tem dúvidas é condenado se comer, porque o que faz não provém de fé"; mas, quando ele acrescenta a máxima "tudo o que não provém de fé é pecado", amplia o fundamento para uma afirmação geral. Schreiner também ressalta o fato de que em Romanos 4.18-21 vemos por que isto é assim – ou seja, que agir com fé glorifica a Deus – e que devemos fazer isso em cada detalhe da vida (1 Co 10.31). Não confiar em Deus em cada ação e pensamento é tomar a glória e o poder de Deus para nós mesmos (1 Pe 4.11; 1 Co 15.10; Gl 2.20). Isso é pecado, ainda que o próprio ato externo se harmonize com a vontade de Deus.

Isso é "bondade", e eles a experimentarão como um benefício. Portanto, o mal de nossas ações nunca pode ser medido apenas pelo dano que causam aos outros humanos. Romanos 14.23 deixa claro que a depravação é a nossa condição, primeiramente em relação a Deus, e, em segundo lugar, em relação ao homem. A menos que comecemos neste ponto, jamais compreenderemos a totalidade de nossa depravação natural.

A depravação do homem é total em, pelo menos, quatro sentidos.

1. Nossa rebelião contra Deus é total

Sem a graça de Deus, não há nenhum prazer na santidade de Deus e nenhuma submissão prazerosa à sua autoridade soberana.

É claro que homens totalmente depravados podem ser muito religiosos e muito filantrópicos. Podem orar, dar esmolas e jejuar, como Jesus disse (Mt 6.1-18). Mas a religião deles é rebelião contra os direitos de seu Criador, se não procede de um coração confiante, como de criança, na graça gratuita de Deus. A religião é um dos principais meios pelos quais o homem oculta a sua indisposição de abandonar a autoconfiança e de depositar todas as suas esperanças na misericórdia imerecida de Deus (Lc 18.9-14; Cl 2.20-23).

A totalidade de nossa rebelião é vista em Romanos 3.9-11 e 18: "Já temos demonstrado que todos, tanto judeus como gregos, estão debaixo do pecado; como está escrito: Não há justo, nem um sequer, não há quem entenda, não há quem busque a Deus... Não há temor de Deus diante de seus olhos". Toda busca que honra a Deus é um dom de Deus. Não se deve à nossa bondade natural. É uma ilustração do ato de Deus em vencer misericordiosamente a nossa resistência natural contra ele.

O homem natural não busca a Deus

O fato de que o homem em seu estado natural busca genuinamente a Deus é um mito. Os homens buscam realmente a Deus. Mas eles não o buscam por causa do que ele é. Os homens buscam a Deus, se necessário, como alguém que possa guardá-los da morte ou aumentar seus prazeres mundanos. Sem a conversão, ninguém vem para a luz de Deus.

Alguns vêm para a luz. Mas ouça o que João 3.20-21 diz sobre eles: "Pois todo aquele que pratica o mal aborrece a luz e não se chega para a luz, a fim de não serem arguidas as suas obras. Quem pratica a verdade aproxima-se da luz, a fim de que as suas obras sejam manifestas, porque feitas em Deus". Sim, há aqueles que vêm para a luz – ou seja, aqueles cujas obras são a obra de Deus. "Feitas em (ou por) Deus" significa operadas por Deus. Sem esta obra graciosa de Deus, todos os homens odeiam a luz de Deus e não se achegarão a ele, para que sua maldade não seja exposta – isto é rebelião total. "Não há quem busque a Deus... Não há temor de Deus diante de seus olhos."

2. EM SUA REBELIÃO TOTAL, TUDO QUE O HOMEM FAZ É PECADO

Em Romanos 14.23, Paulo diz: "Tudo o que não provém de fé é pecado". Portanto, se todos os homens estão em rebelião total, tudo que eles fazem é o produto de rebelião e não pode ser uma honra para Deus, mas apenas parte da rebelião dos homens. É claro que muitos destes atos que fluem de incredulidade interior se conformam exteriormente com a vontade revelada de Deus (por exemplo, obedecer aos pais e falar a verdade). Todavia, eles não se conformam com a vontade perfeita de Deus por causa da mera conformidade exterior. Todas as coisas devem ser feitas em amor, diz o apóstolo (1Co 16.14), mas o amor é o fruto da fé (Gl 5.6; 1Tm 1.5). Por essa razão, muitos atos exteriormente bons precedem de corações sem a fé que exalta a Cristo e, por conseguinte, sem amor e sem conformidade com o mandamento de Deus. Portanto, esses atos são pecaminosos.

Se um rei ensina aos seus súditos como lutar bem, e, depois, esses súditos se rebelam contra seu rei e usam a mesma habilidade que ele lhes ensinou para resistir-lhe, então, essas habilidades, por mais excelentes, admiráveis e "boas" que sejam, se tornam más.

Logo, muitas coisas que o homem é capaz de fazer, ele o faz somente porque foi criado à imagem de Deus. Coisas que são louvadas quando a serviço de Deus, se estiverem a serviço da rebelião autojustificadora do homem, são pecaminosas. Poderemos louvá-las como ecos da excelência de Deus, mas lamentaremos quando forem corrompidas em propósitos que ignoram a Deus.

Em Romanos 7.18, Paulo diz: "Eu sei que em mim, isto é, na minha carne, não habita bem nenhum". Isto é uma confissão radical da verdade de que, em nossa rebelião, não podemos pensar ou sentir nada que seja bom. Isso faz parte de nossa rebelião. O fato de que Paulo qualificou sua depravação com as palavras "isto é, na minha carne", mostra que ele estava disposto a afirmar o bem de tudo que o Espírito de Deus produzia nele (Rm 15.18). "Carne" se refere ao homem em seu estado natural, sem a obra do Espírito de Deus. Portanto, o que Paulo estava dizendo em Romanos 7.18 era que, sem a obra do Espírito de Deus, tudo que pensamos, sentimos e fazemos não é bom.

O bem que realmente importa

Reconhecemos que a palavra "bem" tem uma grande variação de significados. Teremos de usá-la em um sentido restrito para referir-nos a muitas ações de pessoas caídas que, em relação a Deus, não são realmente boas.

Por exemplo, teremos de dizer que é bom o fato de que a maioria dos incrédulos não mata e que muitos incrédulos realizam atos de benevolência. O que pretendemos dizer quando chamamos essas ações de boas é que elas se conformam mais ou menos ao padrão externo de vida que Deus ordena na Escritura.

No entanto, essa conformidade exterior à vontade revelada de Deus não é justiça em relação a Deus. Não é praticada como fruto de confiança nele e para a sua glória; os que a praticam não confiam em Deus como sua fonte de recursos, embora ele lhes dê tudo. E a honra de Deus não é exaltada, embora essa seja a sua vontade em todas as coisas (1Co 10.31). Por conseguinte, até estes atos "bons" são parte de nossa rebelião, e não são "bons", em última análise, no sentido que realmente importa – em relação a Deus.

3. A incapacidade do homem para submeter-se a Deus e fazer o bem é total

Comentando novamente a palavra "carne" referida antes (o homem sem a graça de Deus), achamos Paulo declarando-a ser totalmente escravizada à rebelião. Romanos 8.7-8 diz: "Por isso, o pendor da carne é inimizade contra Deus, pois não está sujeito à lei de Deus, nem mesmo pode estar. Portanto, os que estão na carne não podem agradar a Deus".

O "pendor da carne" (literalmente, "a mente da carne") é a mente do homem sem a habitação do Espírito de Deus ("Vós, porém, não estais na carne, mas no Espírito, se, de fato, o Espírito de Deus habita em vós" – Rm 8.9). Portanto, o homem natural tem uma mentalidade que não se submete, e nem pode se submeter, a Deus. O homem não pode reformar a si mesmo.

Efésios 2.1 afirma que nós, cristãos, éramos todos "mortos" em "delitos e pecados". Essa morte significa que éramos incapazes de ter qualquer vida espiritual com Deus. Tínhamos vida física, mas nosso coração era empedernido em relação a Deus (Ef 4.18; Ez 36.26). Nosso coração era cego e incapaz de ver a glória de Deus em Cristo (2Co 4.4-6). Éramos totalmente incapazes de reformar a nós mesmos.

4. Nossa rebelião é totalmente merecedora de punição eterna

Efésios 2.3 prossegue dizendo que, em nossa morte, somos "filhos da ira". Isso significa que estamos sob a ira de Deus por causa da corrupção de nosso coração, que nos tornou tão bons quanto mortos diante de Deus.

A realidade do inferno é uma acusação clara de Deus sobre a infinitude de nossa culpa. Se a nossa corrupção não merecesse uma punição eterna, Deus seria injusto em ameaçar-nos com uma punição tão severa quanto o tormento eterno. Mas as Escrituras ensinam que Deus é justo em condenar os incrédulos ao inferno (2Ts 1.6-9; Mt 5.29-30; 10.28; 13.49-50; 18.8-9; 25.46; Ap 14.9-11; 20.10). Portanto, visto que o inferno é uma sentença de condenação total, temos de pensar em nós mesmos como totalmente dignos de culpa quando estamos sem a graça salvadora de Deus.

Esta verdade terrível da depravação total

Em resumo, a depravação total significa que nossa rebelião contra Deus é total; tudo que fazemos nesta rebelião é pecaminoso; nossa incapacidade de submeter-nos a Deus ou de reformar a nós mesmos é total, e somos, portanto, merecedores de punição eterna.

É difícil enfatizarmos demais a importância de admitir que a nossa condição é realmente tão má. Se pensarmos em nós mesmos como basicamente bons ou como menos do que em total discordância com Deus, nossa compreensão da obra de Deus na redenção será deficiente. Contudo, se nos humilharmos sob esta verdade terrível de nossa depravação total, estaremos em condição de ver e apreciar a glória e a maravilha da obra de Deus discutida nos quatro pontos seguintes.

O alvo deste livro é aprofundar nossa experiência da graça de Deus. O alvo não é deprimir, nem desencorajar, nem paralisar. Conhecer a seriedade de nossa doença nos tornará ainda mais admirados com a grandeza de nosso médico. Conhecer a extensão de nossa rebelião inata nos deixará estupefatos ante a graça e a paciência tolerantes de Deus para conosco. A maneira como adoramos a Deus e a maneira como tratamos as outras pessoas, em especial os nossos inimigos, são profunda e admiravelmente afetadas por conhecermos plenamente a nossa depravação.

Capítulo Três

GRAÇA IRRESISTÍVEL

Você notará que estou mudando a ordem natural do acróstico TULIP. O "I" representa a graça irresistível e vem, naturalmente, em quarto lugar. Estou colocando-o em segundo, depois do "T", que representa a depravação total. A razão para isso é que, no passar dos anos, tenho visto que a maioria dos cristãos tem uma experiência consciente e pessoal da graça irresistível, embora nunca lhe tenham dado esse nome. Esta experiência pessoal da realidade da graça irresistível ajuda as pessoas a assimilarem mais rapidamente do que tratam estes cinco pontos. E isto, por sua vez, dispõe as pessoas para a veracidade bíblica dos outros pontos.

Sendo mais específico, raramente encontro crentes que querem receber o crédito por sua própria conversão. Há algo da verdadeira graça no coração do crente, que o faz querer dar toda a glória a Deus. Por exemplo, se você perguntar a um crente como responderá a pergunta de Jesus no último julgamento: "Por que você creu em mim quando ouviu o evangelho, mas seus amigos não creram quando o ouviram?", poucos crentes responderão dizendo: "Por que eu fui mais sábio ou mais esperto ou mais espiritual ou mais treinado ou mais humilde". A maioria de nós sente instintivamente que deve glorificar a graça de Deus, dizendo: "Se não fosse pela graça de Deus, eu também estaria perdido". Em outras palavras, sabemos intuitivamente que a graça de Deus foi decisiva em nossa conversão. Isso é que pretendemos dizer com a expressão "graça irresistível".

MAS RESISTIMOS REALMENTE À GRAÇA

A doutrina da graça irresistível não significa que toda influência do Espírito Santo não possa ser resistida. Significa que o Espírito Santo, sempre que quer, pode vencer toda a resistência e tornar sua influência irresistível.

Em Atos 7.51, lemos que Estêvão disse aos líderes judeus: "Homens de dura cerviz e incircuncisos de coração e de ouvidos, vós sempre resistis ao Espírito Santo; assim como fizeram vossos pais, também vós o fazeis". E Paulo falou sobre entristecer e apagar o Espírito Santo (Ef 4.30; 1Ts 5.19). Deus faz muitos apelos e sugestões que são resistidos. De fato, toda a história de Israel no Antigo Testamento é uma longa história de resistência humana aos mandamentos e às promessas de Deus, como mostra a parábola dos lavradores maus (Mt 21.33-43; cf. Rm 10.21). Esta resistência não contradiz a soberania de Deus. Ele a permite e vence sempre que quiser.

A doutrina da graça irresistível significa que Deus é soberano e pode suplantar toda resistência quando quiser. "Segundo a sua vontade, ele opera com o exército do céu e os moradores da terra; não há quem lhe possa deter a mão" (Dn 4.35). "No céu está o nosso Deus e tudo faz como lhe agrada" (Sl 115.3). Quando Deus age para cumprir seu propósito soberano, ninguém pode resistir-lhe. "Bem sei que tudo podes, e nenhum dos teus planos pode ser frustrado" (Jó 42.2).

A OBRA DE DEUS EM TRAZER-NOS À FÉ

Isto é o que Paulo ensinou em Romanos 9.14-18, que fez o seu oponente dizer: "De que se queixa ele ainda? Pois quem jamais resistiu à sua vontade?" Ao que Paulo respondeu: "Quem és tu, ó homem, para discutires com Deus?! Porventura, pode o objeto perguntar a quem o fez: Por que me fizeste assim? Ou não tem o oleiro direito sobre a massa, para do mesmo barro fazer um vaso para honra e outro, para desonra?" (Rm 9.20-21).

Mais especificamente, a graça irresistível se refere à obra soberana de Deus em vencer a rebelião de nosso coração e trazer-nos à fé em Cristo, para que sejamos salvos. Se a doutrina da depravação total, como explicamos no capítulo anterior, é verdadeira, não pode haver salvação sem a realidade da graça irresistível. Se estamos mortos em delitos e pecados, sendo incapazes de submeter-nos a Deus por causa de nossa natureza rebelde, jamais creremos em Cristo, se Deus não vencer a nossa rebelião.

Alguém pode dizer: "Sim, o Espírito Santo tem de atrair-nos a Deus, mas podemos usar nossa liberdade para resistir ou para aceitá-lo". Todavia, isso não é o que a Bíblia ensina. Se não houver a ação contínua da graça salvadora, sempre usaremos nossa liberdade para resistir a Deus. Isso é o que significa ser "incapaz de submeter-se a Deus". "O pendor da carne é inimizade contra Deus, pois não está sujeito à lei de Deus, nem mesmo *pode estar*. Portanto, os que estão na carne *não podem* agradar a Deus" (Rm 8.7-8).

Se uma pessoa se torna humilde ao ponto de submeter-se a Deus, isso acontece porque Deus lhe deu uma natureza nova, humilde. Se uma pessoa permanece tão endurecida de coração e orgulhosa que não se submete a Deus, isso acontece porque Deus não lhe deu tal disposição de espírito. Mas, para vermos isso mais persuasivamente, devemos examinar as Escrituras.

Se o Pai não trouxer

Em João 6.44, Jesus disse: "Ninguém pode vir a mim se o Pai, que me enviou, não o trouxer". Esse trazer é a obra soberana da graça, sem a qual nenhum de nós será salvo de nossa rebelião contra Deus. Outra vez, alguém pode objetar, dizendo: "Deus atrai para si mesmo *todos* os homens e não apenas alguns". Em seguida, ele pode citar Jo 12.32: "E eu, quando for levantado da terra, *atrairei todos* a mim mesmo".

No entanto, há alguns problemas sérios nesta objeção. Um dos problemas é que a palavra traduzida por "todos" (no grego, *pantas*) não se refere a todas as pessoas. Jesus disse apenas: "Eu, quando for levantado da terra, atrairei *todos* a mim mesmo". Devemos averiguar contextos semelhantes em João para determinar ao que este "todos" provavelmente se refere.

Um contexto semelhante está no capítulo anterior – João 11.50-52. Caifás, o sumo sacerdote, falou mais verdades do que ele mesmo sabia, disse João.

> ... Nem considerais que vos convém que morra um só homem pelo povo e que não venha a perecer toda a nação. Ora, ele não disse isto de si mesmo; mas, sendo sumo sacerdote naquele ano, profetizou que Jesus estava para morrer pela nação e não somente pela nação, mas também para reunir em um só corpo os filhos de Deus, que andam dispersos.

As últimas palavras descrevem o alcance da morte de Jesus, conforme João a apresenta no evangelho. Jesus não morreu por um único grupo étnico, mas "para reunir em um só corpo os filhos de Deus, que andam dispersos" – *todos* eles. Isto é uma referência aos gentios que Deus atrairia eficazmente a si mesmo quando ouvissem o evangelho. Eles são chamados "filhos de Deus" porque Deus os escolheu para serem adotados, como Paulo disse em Efésios 1.4-5.

Portanto, se este é um bom texto correspondente, o *todos* em João 12.32 não se refere a todos os seres humanos e sim a *todos* "os filhos de Deus". "E eu, quando for levantado da terra, atrairei todos [*os filhos de Deus*] a mim mesmo" – de toda tribo, língua, povo e nação (Ap 5.9).

Ou você poderia dizer: "Eu atrairei *todas* as minhas ovelhas", porque Jesus disse: "Dou a minha vida pelas ovelhas" (Jo 10.15) – *todas* elas; e: "As minhas ovelhas ouvem a minha voz; eu as conheço, e elas me seguem" (Jo 10.27) – *todas* elas. Ou poderia dizer: "Eu atrairei *todos* os que são da verdade", porque Jesus disse: "*Todo aquele* que é da verdade ouve a minha voz" (Jo 18.37). Ou poderia dizer: "Atrairei *todos* os que são de Deus", porque Jesus disse: "*Quem* é de Deus ouve as palavras de Deus" (Jo 8.47). Ou poderia dizer: "Eu atrairei *todos* os que o Pai me dá", porque João 6.37 diz: "*Todo aquele* que o Pai me dá, esse virá a mim".

Em outras palavras, permeando o Evangelho de João está a verdade de que Deus Pai e Deus Filho atraem pessoas das trevas para a luz decisivamente. E Cristo morreu por isto. Ele foi levantado por isto – para que *todos* sejam atraídos a ele – *todos* os filhos, *todas* as ovelhas, *todos* os que são da verdade, *todos aqueles* que o Pai dá ao Filho. O que João 12.32 acrescenta é que isto acontece hoje na história por ser Cristo mostrado a todo o mundo e por serem pregadas as boas novas de que todo aquele que crer em Cristo será salvo. Na pregação do Cristo levantado, Deus abre os ouvidos dos surdos. As ovelhas ouvem a voz de Jesus e o seguem (Jo 10.16, 27).

A principal objeção a usar João 12.32 (atrair todos) para negar que o trazer de João 6.44 ("Ninguém pode vir a mim se o Pai, que me enviou, não o trouxer") realmente produz o vir a Cristo é a maneira como João descreveu a relação entre o trazer do Pai e o fracasso de Judas em seguir a Jesus até ao fim.

Em João 6.64-65, Jesus disse: "Contudo, há descrentes entre vós. Pois Jesus sabia, desde o princípio, quais eram os que não criam e quem o havia de trair. E prosseguiu: Por causa disto, é que vos tenho dito: ninguém poderá vir a mim, se, pelo Pai, não lhe for concedido."

Observe que Jesus mostrou que a razão por que ele disse (lembre João 6.44) que "ninguém poderá vir a mim, se, pelo Pai, não lhe for concedido [= for atraído]" era explicar por que "há descrentes entre vós". Poderíamos parafrasear isto assim: Jesus sabia desde o começo que Judas não cria nele, apesar de todo o ensino e de todos os convites que recebera. E, porque Jesus sabia disso, o explicou nas palavras "ninguém poderá vir a mim, se, pelo Pai, não lhe for concedido".

Houve muitas influências para o bem na vida de Judas – neste sentido, Judas foi cortejado, convidado e atraído por três anos. Mas o ensino de Jesus, em João 6.44 e 6.65, é que a resistência de Judas à graça não foi o fator crucialmente decisivo. O que foi crucialmente decisivo foi isto: "não lhe foi concedido" o vir a Cristo. Ele não foi "trazido" pelo Pai. O dom decisivo e *irresistível* da graça não lhe foi dado. Essa é a razão por que falamos de "graça irresistível". Em nós mesmos somos, todos, tão resistentes à graça quanto Judas. E a razão por que qualquer um de nós veio a Jesus não é que somos mais espertos ou mais sábios ou mais virtuosos do que Judas, e sim que o Pai venceu nossa resistência e nos trouxe a Cristo. Todos somos salvos pela graça irresistível – graça maravilhosa!

> Muito tempo meu espírito esteve preso,
> Preso no pecado e nas trevas da natureza;
> Teus olhos lançaram um raio despertador –
> Acordei, a prisão resplandeceu com luz;
> As algemas caíram, o coração foi liberto,
> Levantei-me, saí e passei a seguir-te.

Isto é o que acontece quando o Pai "nos traz" irresistível e infalivelmente a Jesus.

OS REQUISITOS PARA A SALVAÇÃO COMO DONS DE DEUS

Agora, considere a maneira como Paulo descreveu o arrependimento como um dom de Deus. Em 2Timóteo 2.24-25, ele disse: "Ora, é necessário que o servo do Senhor não viva a contender, e sim deve ser brando para com todos, apto para instruir, paciente, disciplinando com mansidão os que se opõem, *na expectativa de que Deus lhes conceda... o arrependimento* para conhecerem plenamente a verdade".

Assim como Jesus disse que o vir a ele é dado pelo Pai (Jo 6.44), assim também Paulo disse, nesta passagem, que o arrependimento é "concedido" pelo Pai. Deus pode dar o arrependimento. Observe que Paulo não estava apenas dizendo que a salvação é um dom de Deus. Estava dizendo que os requisitos para a salvação são também um dom. Quando uma pessoa ouve um pregador dizer: "Arrependa-se e venha a Cristo", ela pode escolher resistir a essa exortação. Pode desobedecer-lhe. Pode dizer: "Não, eu não me arrependerei".

Entretanto, se Deus lhe *dá* o arrependimento, ela não pode resistir, porque o próprio significado do dom do arrependimento é que Deus mudou o nosso coração e o tornou disposto a arrepender-se. Em outras palavras, o dom do arrependimento é a anulação da resistência ao arrependimento. Esta é a razão por que chamamos esta obra de Deus "graça irresistível". A resistência ao arrependimento é substituída pelo dom do arrependimento. Foi assim que todos nós chegamos a arrepender-nos.

Milhares de pessoas verdadeiramente arrependidas não sabem disso. Aprenderam coisas erradas sobre como foram convertidas e, por isso, estão paralisadas em sua adoração e amor. Talvez você seja uma delas. Se isso é verdade, não fique com raiva de seus mestres, exulte com grande alegria por ter compreendido 2Timóteo 2.25, e permita que seu coração transborde de gratidão e alegria humilde por causa da nova consciência de quão admirável é o seu arrependimento. É um dom totalmente gratuito de Deus. Isso significa que ele o ama mais particularmente do que você já havia pensado.

Nunca contra a nossa vontade

Isto deve deixar evidente que a graça irresistível nunca significa que Deus nos força a nos arrependermos ou a crermos ou a seguirmos a Jesus, contra a nossa vontade. Isso seria uma contradição, porque o crer, o arrepender-se e o seguir a Jesus são sempre espontâneos, pois, do contrário, seriam hipocrisia. A graça irresistível não arrasta o indisposto para o reino; ela muda a disposição do coração. Ela não opera com constrangimento a partir do exterior, como algemas e cadeias. Ela opera com poder a partir do interior, como nova sede, nova fome e desejo impulsionador.

Portanto, a graça irresistível é compatível com a pregação e o testemunho que tentam persuadir as pessoas a fazerem o que é sensato e está em harmonia com seus melhores interesses. Deus usa o ministério da Palavra para realizar essas mudanças sobrenaturais no coração. E essas mudanças produzem o arrependimento e a fé.

Paulo escreveu em 1Coríntios 1.23-24: "Nós pregamos a Cristo crucificado, escândalo para os judeus, loucura para os gentios; mas para os que foram chamados, tanto judeus como gregos, pregamos a Cristo, poder de Deus e sabedoria de Deus". Note os dois tipos de "chamado" implícitos no texto.

Primeiramente, a pregação de Paulo foi dirigida a todos, tanto judeus como gregos. Isto é um tipo de chamado *geral* do evangelho. Oferece salvação imparcial e indiscriminadamente a todos. Todo aquele que crer no Cristo crucificado o terá como Salvador e Senhor. Mas frequentemente este chamado geral cai em ouvidos não receptivos e é designado como loucura.

Observe, porém, em segundo lugar, que Paulo se referiu a outro tipo de *chamado*. Ele disse que, entre aqueles que ouviram, judeus e gregos, houve alguns que, além de ouvir ao chamado geral, foram "chamados" de outra maneira. "Mas para os que foram chamados, tanto judeus como gregos, pregamos a Cristo, poder de Deus e sabedoria de Deus" (v. 24). Em outras palavras, eles foram chamados de uma maneira que não mais consideravam a cruz como loucura, mas como a sabedoria e o poder de Deus.

Algo aconteceu nos corações que mudou a maneira como viram a Cristo. Descrevemos isto não como o chamado geral e sim como o chamado eficaz de Deus. É semelhante ao chamado de Lázaro para fora do sepulcro. Jesus clamou em alta voz: "Lázaro, vem para fora" (Jo 11.43). E o morto saiu. Esse tipo de chamado cria aquilo que ordena. Se diz: "Vive!", ele cria a vida. Se diz: "Arrependa-se!", ele cria o arrependimento. Se diz: "Creia!", ele cria a fé. Se diz: "Siga-me", ele cria a obediência. Paulo disse que todos aqueles que são chamados neste sentido não mais consideram a cruz como loucura e, em vez disso, consideram-na como o poder de Deus. Não vêm a Cristo por coerção. Agem livremente, com base no que valorizam como infinitamente precioso. Isso é o que acontece com eles. Sua resistência à cruz foi vencida porque o chamado de Deus rompeu a cegueira espiritual deles e lhes fez ver a cruz como sabedoria e poder. Isto é o que pretendemos dizer com graça irresistível.

EM OPERAÇÃO POR TRÁS DE NOSSA VONTADE

Como Deus age para mudar a nossa vontade, sem coerção contra a nossa vontade, é explicado em 2Coríntios 4.4-6:

> Nos quais o deus deste século cegou o entendimento dos incrédulos, para que lhes não resplandeça a luz do evangelho da glória de Cristo,

o qual é a imagem de Deus. Porque não nos pregamos a nós mesmos, mas a Cristo Jesus como Senhor e a nós mesmos como vossos servos, por amor de Jesus. Porque Deus, que disse: Das trevas resplandecerá a luz, ele mesmo resplandeceu em nosso coração, para iluminação do conhecimento da glória de Deus, na face de Cristo.

Visto que os homens são cegos para a preciosidade de Cristo, um milagre precisa ser operado a fim de que cheguem a ver e crer. Paulo comparou este milagre com o primeiro dia da criação, quando Deus disse: "Haja luz". Uma das afirmações mais admiráveis a respeito de como todos nós fomos trazidos da cegueira para a luz – da escravidão para a liberdade, da morte para a vida – é: "Deus... resplandeceu em nosso coração, para iluminação do conhecimento da glória de Deus, na face de Cristo". Uma luz real – uma luz espiritual – resplandeceu em nosso coração. Foi a luz "do conhecimento da glória de Deus, na face de Cristo" (v. 6). Ou, como diz o versículo 4, "a luz do evangelho da glória de Cristo, o qual é a imagem de Deus". Em outras palavras, Deus faz a glória – a verdade e a beleza autoautenticadoras – de Cristo ser vista e experimentada em nosso coração.

A partir desse momento, o nosso desejo com respeito a Cristo é mudado fundamentalmente. Isto é, de fato, uma nova criatura – um novo nascimento. Isto é, em essência, o ato divino equivalente ao chamado eficaz que vimos em 1Coríntios 1.24: "Para os que foram chamados... Cristo [é agora visto como] poder de Deus e sabedoria de Deus". Aqueles que são chamados têm seus olhos abertos pelo poder soberano e criativo de Deus, para que não mais vejam a cruz como loucura, e sim como o poder e a sabedoria de Deus. O chamado eficaz é o milagre que remove a nossa cegueira. Deus faz a glória de Cristo resplandecer com beleza irresistível. Isto é graça irresistível.

"O SENHOR LHE ABRIU O CORAÇÃO"

Outro exemplo desta obra está em Atos 16.14, que nos informa que Lídia ouvia a pregação de Paulo. Lucas disse: "O Senhor lhe abriu o coração para atender às coisas que Paulo dizia". A menos que Deus abra o nosso coração, não ouviremos a verdade e a beleza de Cristo na mensagem do evangelho. Este abrir o coração é o que queremos dizer com graça irresistível. Ela vence a resistência obstinada, de cegueira para a beleza e de surdez para a bondade das boas novas.

Outra maneira de descrevê-la é "novo nascimento" ou ser nascido de novo. O novo nascimento é uma criação miraculosa de Deus, que capacita uma pessoa anteriormente "morta" a receber a Cristo e, assim, ser salva. Não produzimos o novo nascimento por meio de nossa fé. Deus produz a nossa fé por meio do novo nascimento. Observe a maneira como João expressa este relacionamento: "Todo aquele que crê que Jesus é o Cristo é nascido de Deus" (1Jo 5.1). Isto significa que ser nascido de Deus vem primeiro e crer é o passo seguinte. Crer em Jesus não é a causa de sermos nascidos de novo; é a evidência de que fomos "nascidos de Deus".

O NOVO NASCIMENTO: UM ATO DE CRIAÇÃO SOBERANO

Para confirmar isto, observe, com base no Evangelho de João, como o nosso receber a Cristo se relaciona com o sermos nascidos de Deus: "Mas, a todos quantos o receberam, deu-lhes o poder de serem feitos filhos de Deus, a saber, aos que creem no seu nome; os quais não nasceram do sangue, nem da vontade da carne, nem da vontade do homem, mas de Deus" (Jo 1.12-13). João diz que Deus dá o direito de serem filhos de Deus a todos aqueles que recebem a Cristo (v. 12). Depois, João continua e diz que aqueles que recebem a Cristo "não nasceram do sangue, nem da vontade da carne, nem da vontade do homem, mas de Deus". Em outras palavras, é necessário receber a Cristo para se tornar um filho de Deus, mas o nascimento que introduz uma pessoa na família de Deus não é possível pela vontade do homem. Somente Deus pode realizá-lo.

O homem é morto em delitos e pecados (Ef 2.1). Ele não pode tornar a si mesmo novo ou criar nova vida em si mesmo. Precisa ser nascido de Deus. Depois, com a nova natureza de Deus, o homem vê a Cristo pelo que ele realmente é e recebe espontaneamente a Cristo por tudo que ele é. Os dois atos (novo nascimento e fé) estão conectados de tal modo, que não podemos distingui-los na experiência. Deus nos gera de novo e o primeiro sinal de vida no filho nascido de novo é a fé. Portanto, o novo nascimento é o efeito da graça irresistível, porque é um ato de criação soberana – "não... da vontade do homem, mas de Deus". Esta verdade gloriosa do novo nascimento e de como ele acontece é tão maravilhosa, que escrevi um livro inteiro sobre ela, intitulado *Finalmente Vivos: O que Acontece quando Nascemos de Novo*. Se você quer aprofundar-se nas maravilhas da graça irresistível, esse livro é um bom material que você pode examinar.

Começamos este capítulo dizendo que a maioria dos cristãos sabe intuitivamente que a graça de Deus foi decisiva em produzir nossa conversão. Vemos aqueles que resistem ao evangelho e dizemos: "Se não fosse pela graça de Deus, eu também estaria perdido". Agora, no final do capítulo, espero que esteja mais claro por que isso é verdade. Deus venceu realmente a nossa resistência. Ele nos atraiu realmente a si mesmo. Ele nos deu realmente o arrependimento. Ele nos fez realmente nascidos de novo, para que recebêssemos a Cristo. Ele resplandeceu realmente em nosso coração com a luz da glória de Cristo. E nos chamou realmente – como Lázaro – da morte para a vida. Não é surpreendente, então, que todos os cristãos verdadeiros, mesmo antes de aprenderem estas coisas, sabem intuitivamente que a graça foi decisiva em trazê-los a Cristo.

Frequentemente, o coração precede a mente em direção à verdade. Esta é, certamente, a condição de muitos cristãos no que diz respeito à graça irresistível. Mas agora vimos, por nós mesmos, esta verdade na Palavra de Deus. Meu desejo é que, por causa disso, você tenha uma experiência mais profunda da graça de Deus. Que você adore a Deus e ame as pessoas como nunca antes. Isso é o que uma experiência mais profunda da graça soberana faz.

Capítulo Quatro

EXPIAÇÃO LIMITADA

A expiação é a obra de Deus em Cristo, na cruz, pela qual ele completou a obra de sua vida perfeitamente justa, cancelou a dívida de nosso pecado, satisfez a ira santa de Deus contra nós e ganhou para nós todos os benefícios da salvação. A morte de Cristo foi necessária porque Deus não mostraria uma consideração justa por sua glória se ignorasse os pecados, como que os varrendo para debaixo do tapete, sem nenhuma recompensa. Este é o ensino de Romanos 3.25-26:

> A quem [Cristo] Deus propôs, no seu sangue, como propiciação, mediante a fé, para *manifestar a sua justiça*, por ter Deus, na sua tolerância, deixado impunes os pecados anteriormente cometidos; *tendo em vista a manifestação da sua justiça no tempo presente, para ele mesmo ser justo* e o justificador daquele que tem fé em Jesus.

Você pode ver, com base nas palavras enfatizadas, que a morte de Cristo foi necessária para vindicar a equidade de Deus em justificar os ímpios pela fé. Por que é assim? Porque seria injusto perdoar pecadores, como se o pecado deles fosse insignificante, quando, de fato, o pecado é um insulto contra o valor da glória de Deus. E, visto que o valor da glória de Deus é infinito, a ofensa é infinitamente ultrajante. Por isso, Jesus tomou a maldição que era devida ao nosso pecado, para que fôssemos justificados e a justiça de Deus fosse vindicada.

O QUE CRISTO REALIZOU REALMENTE?

A expressão "expiação limitada" trata da pergunta "por quem Cristo fez tudo isto?" "Por quem Cristo morreu?" "Ele expiou os pecados de quem?" "Em favor de quem ele comprou os benefícios da salvação?" Mas, por trás destas perguntas sobre a *extensão* da expiação, está a pergunta igualmente importante sobre a *natureza* da expiação. O que Cristo realizou realmente na cruz em favor daqueles pelos quais ele morreu? Essa pergunta nos levará a uma resposta mais exata para as outras.

Se você dissesse que Cristo morreu *da mesma maneira* por todos os seres humanos, então, teria de definir a *natureza* da expiação muito diferentemente do que o faria se cresse que Cristo morreu *de uma maneira específica* por aqueles que realmente creem. No primeiro caso, você creria que a morte de Cristo não *garantiu decisivamente* a salvação de ninguém; apenas tornou todos os homens salváveis, de modo que alguma outra coisa seria decisiva em salvá-los, ou seja, a sua escolha.

Nesse caso, a morte de Cristo não removeu realmente a sentença de morte e não garantiu realmente vida nova para ninguém. Em vez disso, ela apenas criou possibilidades de salvação, que seriam tornadas reais por pessoas que proveriam a causa decisiva, ou seja, a sua fé. Neste entendimento da expiação, a fé e o arrependimento não são dons de Deus, comprados por sangue para pecadores específicos, mas, em vez disso, são atos de alguns pecadores que tornam o sangue funcional para eles.

Você começa a perceber quão intimamente esta doutrina da expiação está ligada à doutrina anterior, da graça irresistível. O que penso ser o ensino da Bíblia é que a própria graça irresistível foi comprada com o sangue de Jesus. O novo nascimento foi comprado com sangue. O chamado eficaz foi comprado com sangue. O dom do arrependimento foi comprado com sangue. Nenhum destes atos de graça irresistível é merecido. Vêm a nós porque Cristo os adquiriu com seu sangue e sua justiça. Mas isso significa que ele não os adquiriu da mesma maneira para todos. Do contrário, todos seriam nascidos de novo, seriam chamados eficazmente e receberiam o dom do arrependimento.

Portanto, a questão experiencial e pessoal com a qual nos deparamos agora neste capítulo é: cremos que Cristo obteve decisivamente para mim o chamado, a vida e o arrependimento que tenho agora? Ou ofereço estas coisas de mim mesmo, de modo que aquilo pelo que ele morreu é contado como meu? Porque, se Cristo morreu da mesma maneira por todas as pessoas, sua morte não obteve infalivelmente a graça regeneradora ou a fé ou o arrependimento para aqueles que são salvos. Devemos ter regenerado a nós mesmos sem o miraculoso comprar com sangue realizado por Cristo, devemos ter chegado à fé e ao arrependimento por nós mesmos, sem os dons da fé e do arrependimento comprados com sangue.

Em outras palavras, se cremos que Cristo morreu da mesma maneira por todos os homens, os benefícios da cruz não podem incluir a misericórdia pela qual somos trazidos à fé, porque todos os homens seriam trazidos à fé, mas eles não o são. Todavia, se a misericórdia pela qual somos trazidos à fé (graça irresistível) não faz parte do que Cristo comprou na cruz, somos deixados a obter de outra maneira a nossa libertação da morte, da cegueira e da rebelião. Somos deixados a criar, de outra maneira, o nosso próprio caminho para entrarmos na segurança de Cristo, visto que ele não obteve esta entrada (novo nascimento, fé, arrependimento) por nós, quando morreu.

Quem limita realmente a expiação

Portanto, torna-se evidente que não é o calvinista que limita a expiação, e sim aqueles que negam que a morte expiatória de Cristo realiza o que necessitamos desesperadamente – ou seja, a salvação da condição de morte, dureza e cegueira, sob a ira de Deus. Eles limitam o poder e a eficácia da expiação, para que possam dizer que ela foi realizada até em favor daqueles que morrem em incredulidade e são condenados. A fim de dizer que Cristo morreu da mesma maneira em favor de todos os homens, eles têm de limitar a expiação a uma *possibilidade* ou a uma *oportunidade* de salvação, se homens caídos puderem escapar de sua morte e rebelião para obter fé por um meio eficaz, não provido pela cruz.

Por outro lado, nós não limitamos o poder e a eficácia da expiação. Pelo contrário, afirmamos que, na cruz, Deus tinha em vista a redenção concreta e eficaz de seus filhos de tudo que os destruiria, inclusive a sua própria incredulidade. E afirmamos que, quando Cristo morreu especificamente por sua noiva, ele não criou simplesmente uma possibilidade ou uma oportunidade de salvação, mas comprou realmente e obteve infalivelmente para eles tudo que é necessário para torná-los salvos, incluindo a graça da regeneração e o dom da fé.

Não negamos que Cristo morreu, *em algum sentido*, para salvar todos. Paulo disse, em 1Timóteo 4.10, que em Cristo, Deus é o "Salvador de todos os homens, especialmente dos fiéis". O que negamos é que a morte de Cristo foi no *mesmo* sentido em favor de todos os homens. Deus mandou Cristo para, em algum sentido, salvar *todos*. E o enviou para salvar, *em um sentido mais específico*, aqueles que creem. A intenção de Deus é diferente para cada grupo. Essa é uma maneira natural de entendermos 1Timóteo 4.10.

Para "todos os homens", a morte de Cristo é o fundamento para a oferta gratuita do evangelho. Este é o significado de João 3.16: "Porque Deus amou ao mundo de tal maneira que deu o seu Filho unigênito, para que todo o que nele crê não pereça, mas tenha a vida eterna". O enviar o Filho é para todo o mundo no sentido que Jesus deixou claro: *para que todo o que nele crê não pereça.* Nesse sentido, Deus enviou Jesus para todos. Ou, usando as palavras de 1Timóteo 4.10, Deus é o "Salvador de todos os homens" porque Cristo morreu para prover uma oferta de perdão totalmente confiável e válida, para que todo aquele que confiar em Cristo, sem exceção, seja salvo.

Quando o evangelho é pregado, Cristo é oferecido a todos, sem discriminação. E a oferta é plenamente autêntica para todos. O que é oferecido é Cristo, e qualquer um – qualquer um – que recebe a Cristo, recebe tudo que ele comprou para suas ovelhas, sua noiva. O evangelho não *oferece* uma possibilidade de salvação. Ele *é* a possibilidade de salvação. Mas o que é oferecido é Cristo, e nele, a infinita realização que ele consumou em favor de seu povo, por meio de sua morte e ressurreição.

O PAPEL CRUCIAL DA NOVA ALIANÇA[1]

O fundamento bíblico para dizermos que Cristo morreu não somente para tornar disponível a salvação para todos os que crerem, mas também para comprar a fé dos eleitos é o fato de que o sangue de Jesus adquiriu as bênçãos da nova aliança para o seu povo. A fé dos eleitos e chamados de Deus foi comprada com "o sangue da [nova] aliança" (Mt 26.28).

O ponto de vista arminiano apresenta os pecadores como necessitados da ajuda divina para crerem. Isso é verdade. Precisamos de ajuda. No entanto, muito mais ajuda do que a que

---

[1] O argumento seguinte é desenvolvido mais completamente em John Piper, "'My Glory I Will Not Give to Another': Preaching the Fullness of Definite Atonement for the Glory of God", em David e Jonathan Gibson, eds., *From Heaven He Came and Sought Her: Definite Atonement in Historical, Biblical, Theological, and Pastoral Perspective* (Wheaton, Illinois: Crossway, 2013).

o arminianismo propõe. Nesse ponto de vista, o pecador, depois de ser ajudado por Deus, provê o impulso decisivo. Deus apenas ajuda; o pecador decide. Assim, "o sangue da aliança" não garante decisivamente a nossa fé. A causa decisiva da fé é a autodeterminação humana. A obra expiatória de Cristo, eles dizem, estabelece esta possibilidade, mas não garante o resultado. Todavia, a nova aliança, comprada pelo sangue de Cristo, ensina algo muito diferente. Observemos o ensino da nova aliança.

Deus expressou os termos da nova aliança por meio de Jeremias:

> Eis aí vêm dias, diz o SENHOR, em que firmarei nova aliança com a casa de Israel e com a casa de Judá. Não conforme a aliança que fiz com seus pais, no dia em que os tomei pela mão, para os tirar da terra do Egito; porquanto eles anularam a minha aliança, não obstante eu os haver desposado, diz o SENHOR. Porque esta é a aliança que firmarei com a casa de Israel, depois daqueles dias, diz o SENHOR: Na mente, lhes imprimirei as minhas leis, também no coração lhas inscreverei... Perdoarei as suas iniquidades e dos seus pecados jamais me lembrarei (Jr 31.31-34).

Uma diferença fundamental entre a nova aliança prometida e a velha aliança feita "com seus pais" é que eles quebraram a velha aliança, mas na nova aliança Deus imprimirá neles a lei e a inscreverá no seu coração, para que as condições da aliança sejam garantidas pela iniciativa soberana de Deus. A nova aliança não será quebrada. Isso é parte do propósito de Deus. Ela faz reivindicações dos participantes da aliança, e as garante e preserva.

Deus torna este fato ainda mais claro no capítulo seguinte de Jeremias:

> Dar-lhes-ei um só coração e um só caminho, para que me temam todos os dias, para seu bem e bem de seus filhos. Farei com eles aliança eterna, segundo a qual não deixarei de lhes fazer o bem; e porei o meu temor no seu coração, para que nunca se apartem de mim. Alegrar-me-ei por causa deles e lhes farei bem (Jr 32.39-41).

Deus faz, pelo menos, seis promessas neste texto: 1) farei com eles uma aliança eterna; 2) eu lhes darei o tipo de coração que garante o temerem a mim para sempre; 3) nunca deixarei de lhes fazer o bem; 4) porei o temor a mim no seu coração; 5) não deixarei que se apartem de mim; 6) eu me alegrarei em lhes fazer o bem.

Aqui, em Jeremias 32, torna-se ainda mais claro do que em Jeremias 31 o fato de que Deus está tomando a iniciativa soberana para garantir que a nova aliança seja bem sucedida. Deus não deixará no poder da vontade humana caída o obter e o preservar a sua permanência na nova aliança. Ele dará um novo coração – um coração que teme o Senhor. Será decisivamente uma obra de Deus e não do homem. E Deus agirá nesta aliança para que "nunca se apartem de mim" (Jr 32.40). John Owen comentou: "Esta é, então, uma das principais diferenças entre as duas alianças – aquela que o Senhor fez no passado apenas exigia a condição; agora, na nova aliança, ele também a realiza em todos os participantes, aos quais esta aliança é estendida".[2]

Ezequiel profetizou da mesma maneira: Deus tomará a iniciativa e dará um novo coração e um novo espírito.

> Dar-lhes-ei um só coração, espírito novo porei dentro deles; tirarei da sua carne o coração de pedra e lhes darei coração de carne (Ez 11.19).

> Dar-vos-ei coração novo e porei dentro de vós espírito novo; tirarei de vós o coração de pedra e vos darei coração de carne. Porei dentro de vós o meu Espírito e farei que andeis nos meus estatutos, guardeis os meus juízos e os observeis (Ez 36.26-27).

Um coração de pedra não regenerado é a grande razão por que Israel não creu nas promessas de Deus, nem o amou de

---

[2] John Owen, *The Death of Death in the Death of Christ*, em *The Works of John Owen*, ed. W. H. Goold, 16 vols. (Edinburgh: Banner of Truth Trust, 1967 [1850-1853]), 10:237.

todo o seu coração, toda a sua mente e força. Se a nova aliança deverá ser mais bem sucedida do que a velha aliança, Deus terá de remover o coração de pedra e dar ao seu povo um coração que o ama. Em outras palavras, ele terá de tomar uma iniciativa miraculosa para garantir a fé e o amor de seu povo. Isto é exatamente o que Moisés disse que Deus faria: "O Senhor, teu Deus, circuncidará o teu coração e o coração de tua descendência, para amares o Senhor, teu Deus, de todo o coração e de toda a tua alma, para que vivas" (Dt 30.6).

Em outras palavras, na nova aliança, Deus promete que tomará a iniciativa e criará um novo coração, para que as pessoas se tornem membros da nova aliança, por iniciativa dele e não delas mesmas. Se alguém desfruta de participação na nova aliança, com todas as suas bênçãos, isso acontece porque Deus perdoou sua iniquidade, removeu seu coração de pedra, lhe deu um coração sensível, que teme e ama a Deus, e a fez andar nos estatutos dele. Em outras palavras, a nova aliança promete a regeneração. Promete criar fé, amor e obediência onde antes havia apenas dureza.

O sangue de Jesus obtém a promessa da nova aliança

O que encontramos quando chegamos ao Novo Testamento é que Jesus é o mediador desta nova aliança. Ele a garante por meio de seu próprio sangue. Esta é a conexão entre a expiação e a nova aliança: o sangue de Jesus é o sangue da nova aliança. O propósito de sua morte era estabelecer esta aliança em todos os termos que já vimos.

De acordo com Lucas 22.20, na última ceia, Jesus tomou o cálice depois da haver ceado, e disse: "Este é o cálice da nova aliança no meu sangue derramado em favor de vós". Paulo recontou isto em 1Coríntios 11.25: "Depois de haver ceado, tomou também o cálice, dizendo: Este cálice é a nova aliança no meu sangue". Entendo que isto significa que as promessas da nova aliança foram compradas pelo sangue de Cristo. Ou, usando a linguagem de Hebreus: isto torna Jesus o "fiador de superior aliança" (Hb 7.22). "Por isso mesmo, ele é o Mediador da nova aliança, a fim de que, intervindo a morte para remissão das transgressões que havia sob a primeira aliança, recebam a promessa da eterna herança aqueles que têm sido chamados" (Hb 9.15).

Portanto, todas as promessas da nova aliança são promessas compradas por sangue. Quando elas se tornam reais para nós, isso acontece porque Jesus morreu para torná-las reais. Isto significa que as promessas específicas da nova aliança, de criar um povo de Deus e manter um povo de Deus, são aquilo por que Jesus morreu.

O meu pensamento é que nem todas as promessas da nova aliança dependem da condição de fé. Antes, uma das promessas feitas na nova aliança é que a *própria* condição de fé será dada por Deus. Essa é a razão por que digo que o povo da nova aliança é criado e preservado por Deus. "Porei o meu temor no seu coração, para que nunca se apartem de mim" (Jr 32.40). Em primeiro lugar, Deus põe em nós o temor a ele. E nos guarda de nos afastarmos dele. Deus cria seu novo povo e mantém este novo povo. Ele faz isto pelo sangue da aliança, que Jesus disse era seu próprio sangue (Lc 22.20).

O resultado deste entendimento da nova aliança é que há uma expiação definida para o povo da nova aliança. Na morte de Cristo, Deus assegura um grupo definido de pecadores indignos como seu próprio povo, por comprar e garantir a condição que eles têm de satisfazer para serem parte de seu povo. O sangue da aliança – o sangue de Cristo – compra e garante o novo coração de fé e de arrependimento. Deus não fez isso por todos. Ele o fez por um grupo "definido" ou "específico", os quais são totalmente indignos. E, visto que Deus o fez por meio de Jesus Cristo, o grande pastor, que deu sua vida em favor das ovelhas, podemos dizer: a ele "seja a glória para todo o sempre" (Hb 13.21). Esta realização é uma parte importante da glória da cruz de Cristo!

JESUS DEU A VIDA PELAS OVELHAS

Há muitas passagens bíblicas que apoiam o que acabamos de ver e ensinam que o propósito de Deus na morte de Cristo incluía o ajuntamento de um povo da nova aliança por meio de sua graça irresistível.

Por exemplo, em João 10.15, Jesus disse: "Dou a minha vida pelas ovelhas". Isto não é o mesmo que dizer "dou minha vida por todas as pessoas". No evangelho de João, "as ovelhas" não são todas as pessoas. Nem a palavra "ovelha" se refere àqueles que haviam usado seu poder de autodeterminação para produzirem fé. Em vez disso, as ovelhas são aqueles que

Deus escolheu e deu ao Filho (Jo 6.37, 44). A sua fé é possível porque eles são ovelhas.

Vemos isto em João 10.26, onde lemos que Jesus disse: "Vós não credes, porque não sois das minhas ovelhas". Em outras palavras, ser uma ovelha capacita a pessoa a crer e não o contrário. Portanto, as ovelhas não se tornam primeiramente ovelhas por crerem; elas são capazes de crer porque são ovelhas. Por isso, quando Jesus disse: "Dou a minha vida pelas ovelhas", as suas palavras significam: por meio de meu sangue, eu compro aqueles que meu Pai me deu e obtenho a fé e todas as bênçãos que são dadas àqueles que estão unidos a mim.

João 17 segue a mesma direção. Ali, Jesus limita sua oração às suas ovelhas – aqueles que o Pai lhe deu.

> Manifestei o teu nome aos homens que me deste do mundo. Eram teus, tu mos confiaste... É por eles que eu rogo; não rogo pelo mundo, mas por aqueles que me deste, porque são teus... E a favor deles eu me santifico a mim mesmo, para que eles também sejam santificados na verdade (Jo 17.6, 9, 19).

A santificação em vista nestas palavras era a morte de Jesus, que ele estava prestes a sofrer. Portanto, Jesus estava dizendo que sua morte visava especificamente àqueles em favor de quem ele orava. "É por eles que eu rogo; não rogo pelo mundo, mas por aqueles que me deste" (Jo 17.9). E por estes ele se santificou. Por estes ele deu a sua vida.

JESUS MORREU PARA REUNIR OS FILHOS DE DEUS

João nos fala de uma profecia do sumo sacerdote, que expressa uma ideia semelhante.

> Nem considerais que vos convém que morra um só homem pelo povo e que não venha a perecer toda a nação. Ora, ele não disse isto de si mesmo; mas, sendo sumo sacerdote naquele ano, profetizou que Jesus estava para morrer pela nação e não somente pela nação, mas também para reunir em um só corpo os filhos de Deus, que andam dispersos (Jo 11.50-52).

Há "filhos de Deus" espalhados por todo o mundo. Estes são as "ovelhas" – aqueles que o Pai deu ao Filho e trará irresistivelmente a Jesus. Jesus morreu para reunir estas pessoas em um único rebanho. A ideia é a mesma de João 10.15-16: "Dou a minha vida pelas ovelhas. Ainda tenho outras ovelhas, não deste aprisco; *a mim me convém conduzi-las*; elas ouvirão a minha voz; então, haverá um rebanho e um pastor". O "reunir" mencionado em João 11.52 e o "conduzir" são a mesma obra de Deus. E ambas compõem o propósito divino da cruz de Cristo. Cristo não morreu para tornar isto possível, mas para fazer isto acontecer.

É descrito novamente por João em Apocalipse 5.9, onde lemos que o céu canta para Cristo: "Digno és de tomar o livro e de abrir-lhe os selos, porque foste morto e com o teu sangue compraste para Deus os que procedem de toda tribo, língua, povo e nação". De acordo com João 10.16, João não diz que a morte de Cristo comprou todas as pessoas e sim pessoas *de* todas as tribos do mundo.

Esta é a maneira como devemos entender passagens como 1João 2.2, que alguns usam para argumentar contra a doutrina da expiação limitada ou definida. Em palavras muito reminiscentes de João 11.52, João disse: "Ele [Cristo] é a propiciação pelos nossos pecados e não somente pelos nossos próprios, mas ainda pelos do mundo inteiro". A questão é: isto significa que Cristo morreu com a intenção de satisfazer a ira de Deus por todas as pessoas no mundo? De tudo que temos visto nos escritos de João, é improvável que este seja o significado. Pelo contrário, a correspondência verbal entre João 11.1-52 e 1João 2.2 é muito íntima para escaparmos da convicção de que, em ambas as passagens, a intenção de João é a mesma.

> Ora, ele não disse isto de si mesmo; mas, sendo sumo sacerdote naquele ano, profetizou que Jesus estava para morrer pela nação e não somente pela nação, mas também para reunir em um só corpo os filhos de Deus, que andam dispersos (Jo 11.51-52).

> Ele é a propiciação pelos nossos pecados e não somente pelos nossos próprios, mas ainda pelos do mundo inteiro (1Jo 2.2).

O "mundo inteiro" é correspondente com "filhos de Deus, que andam dispersos". Portanto, é natural pensarmos que o objetivo do apóstolo em 1João 2.2 é enfatizar que a obra propiciatória de Deus, em Cristo, não é paroquial, como se ele estivesse interessado apenas nos judeus, ou em uma única classe, ou em uma única raça. Nenhum grupo humano pode dizer: "Ele é a propiciação apenas pelos nossos pecados". Não, a obra propiciatória de Cristo tem o propósito de reunir pessoas do "mundo inteiro". "Ainda tenho outras ovelhas, não deste aprisco" (Jo 10.16) – de todo o mundo. São as "ovelhas" em favor das quais ele morreu, os "filhos de Deus" redimidos que estão dispersos, o povo comprado "de toda tribo, língua, povo e nação".

Um resgate por muitos

Em harmonia com o que já vimos, por exemplo, em Apocalipse 5.9 ("com o teu sangue compraste para Deus os que procedem de toda tribo, língua, povo e nação"), Jesus disse: "O próprio Filho do Homem não veio para ser servido, mas para servir e dar a sua vida em resgate por muitos" (Mc 10.45). Ele não disse "resgate por todos" e sim "resgate por muitos", assim como Apocalipse 5.9 diz "compraste... os que *procedem de* toda tribo, língua, povo e nação". Sei que a palavra "muitos" não prova meu argumento. "Muitos" poderia logicamente significar "todos". Meu objetivo é apenas mostrar que "muitos" (em vez de "todos") se harmoniza com os limites que já vimos neste capítulo.

De modo semelhante, na última ceia, Jesus disse: "Isto é o meu sangue, o sangue da [nova] aliança, derramado *em favor de muitos*, para remissão de pecados" (Mt 26.28). Hebreus 9.28 diz: "Assim também Cristo, tendo-se oferecido uma vez para sempre para tirar *os pecados de muitos*, aparecerá segunda vez, sem pecado, aos que o aguardam para a salvação". E Isaías 53.12 diz que o Servo sofredor "levou sobre si o pecado *de muitos*".

CRISTO SE ENTREGOU PELA IGREJA

Uma das passagens mais claras sobre a intenção específica de Deus na morte de Cristo é Efésios 5.25-27:

> Maridos, amai vossa mulher, como também Cristo amou a igreja e a si mesmo se entregou por ela, para que a santificasse, tendo-a purificado por meio da lavagem de água pela palavra, para a apresentar a si mesmo igreja gloriosa, sem mácula, nem ruga, nem coisa semelhante, porém santa e sem defeito.

Nesta passagem, Paulo diz que o beneficiário tencionado da morte de Cristo é a igreja, a noiva de Cristo. Uma das razões por que sou zeloso por esta doutrina da expiação limitada ou redenção particular é que desejo que a noiva de Cristo seja impelida apropriadamente pelo amor particular que Cristo teve por ela quando morreu. Não foi um amor que envolve todo o mundo; foi um amor que comprou uma noiva. Deus conhecia aqueles que eram seus. E enviou seu Filho para obter esta noiva para este Filho.

> Do céu, ele veio e a buscou
> Para ser a sua noiva santa;
> Com seu sangue, a comprou
> E, pela vida dela, ele morreu.[3]

Neste sacrifício, há um amor particular pela noiva, que a igreja perde de vista ao pensar que Deus não tinha em mente um povo específico quando comprou a igreja com o sangue de seu Filho. Eu costumava dizer à igreja à qual servia: amo todas as mulheres desta igreja, mas amo minha esposa de uma maneira especial. Eu não queria que Nöel pensasse que ela é amada apenas porque amo todas as mulheres da igreja e porque ela é uma mulher. Há um amor universal por todos, mas há um amor particular que Cristo tem pela noiva. E, quando ele morreu, havia um alvo específico naquela morte em favor dela. Cristo a conhecia desde a fundação do mundo e morreu para obtê-la.

A LÓGICA PRECIOSA DE ROMANOS 8.32

Romanos 8.32 é outro texto importante sobre o assunto do desígnio e extensão da expiação. Em toda a Bíblia, esta é uma

---

3 Samuel J. Stone, "The Church's One Foundation" (http://www.hymnsite.com/lyrics/umh545.sht).

das promessas mais preciosas de Deus para seu povo. Paulo disse: "Aquele que não poupou o seu próprio Filho, antes, por todos nós o entregou, porventura, não nos dará graciosamente com ele todas as coisas?" A pergunta não respondida pressupõe a nossa capacidade de respondê-la e torná-la uma promessa inabalável: "Visto que Deus não poupou seu próprio Filho, mas, antes, o entregou por todos nós, ele nos dará, muito certamente, todas as coisas com ele". Neste versículo, a quem se refere o "nós"? São as pessoas referidas nos versículos 29-31:

> *Aos que* de antemão conheceu, também os predestinou para serem conformes à imagem de seu Filho, a fim de que ele seja o primogênito entre *muitos irmãos*. E *aos que* predestinou, a *esses* também chamou; e *aos que* chamou, a *esses* também justificou; e *aos que* justificou, a *esses* também glorificou. Que diremos, pois, à vista destas coisas? Se Deus é por *nós*, quem será contra *nós*?

A razão por que Paulo pode "nos" fazer a impressionante a promessa que faz no versículo 32 – Deus nos dará infalivelmente todas as coisas com Cristo – é que as pessoas referidas são as conhecidos de antemão, as predestinadas, as chamadas, as justificadas. Estas são as "ovelhas", os "filhos de Deus dispersos". E, para essas pessoas, Paulo diz, a morte de Cristo é garantia absoluta e inabalável de que receberão com ele todas as coisas. Esta é a lógica maravilhosa de Romanos 8.32.

No entanto, o que acontece com esta lógica, se Deus entregou seu Filho desta maneira em favor de milhares de pessoas que não recebem todas as coisas, mas, de fato, perecem? A lógica é destruída. Ela se torna: "Se Deus não poupou seu próprio Filho, antes, o entregou por todas as pessoas no mundo, então, visto que muitas delas são perdidas, não é verdade que elas receberão, muito certamente, todas as coisas com ele". Esse não é o argumento do versículo.

O versículo diz: porque Deus entregou o Filho por seu povo, esse povo – conhecido de antemão e predestinado desde a fundação do mundo – receberá todas as coisas que Deus tem para dar. Portanto, o desígnio de Deus em entregar o Filho não é uma oferta geral para todo o mundo, e sim uma aquisição inalterável de riquezas infinitas para seu povo. Meu grande desejo é que o povo de Deus veja isto e se aprofunde na graça desta redenção particular. Na expiação, somos amados de maneira específica e não geral. Nosso futuro está garantido, de modo particular, pelo sangue de Cristo.

Em resumo, o ensino bíblico da expiação limitada é que a morte de Cristo tinha um desígnio específico para seus eleitos. Cristo estava comprando, não uma possibilidade de eles crerem e serem salvos, antes, estava comprando o próprio crer. A conversão dos eleitos de Deus é comprada com sangue. A vitória sobre a nossa morte e rebelião contra Deus não é realizada decisivamente por nós, de modo que nos qualificamos para a expiação. A graça soberana de Deus vence a nossa morte e rebelião. E essa graça foi comprada para nós na morte de Cristo.

Se quisermos aprofundar-nos em nossa experiência da graça de Deus, isto é um oceano de amor para desfrutarmos. Deus não quer que a noiva de seu Filho sinta-se amada com um amor geral, que envolve todo o mundo. Deus quer que a noiva de seu Filho sinta-se encantada com a especificidade do seu amor, o qual ele derramou sobre ela antes de o mundo existir. Deus quer que nos sintamos um povo focalizado: "Escolhi vocês. E enviei meu Filho para morrer a fim de que eu os tenha".

Isto é o que oferecemos ao mundo. Não o guardamos para nós mesmos. E não o abandonamos por dizer: tudo o que temos a oferecer ao mundo é o amor geral de Deus por todas as pessoas. Não, oferecemos isto. Oferecemos uma expiação completa e definida. Oferecemos Cristo. Não dizemos: venham para uma possibilidade. Dizemos: venham a Cristo. Recebam a Cristo. E o que lhes prometemos, se vierem, é que serão unidos a ele e à sua noiva. E tudo que Cristo comprou para sua noiva será deles. Tudo que Cristo adquiriu com absoluta certeza será a porção deles para sempre.

A sua fé provará que estão entre os eleitos. E o virem a Cristo provará que são os beneficiários específicos de sua redenção particular, sua expiação definida.

Para solidificar este aprofundamento de nossa experiência da graça de Deus, nos voltamos agora para a doutrina da eleição. Porque foi em favor dos eleitos que Cristo morreu com este desígnio imensurável de amor eterno.

Capítulo Cinco

ELEIÇÃO INCONDICIONAL

Se todos nós somos tão corrompidos que não podemos achegar-nos a Deus sem sermos nascidos de novo pela graça irresistível de Deus, e se esta graça específica foi comprada por Cristo na cruz, então, é claro que a salvação de qualquer um de nós se deve à eleição de Deus. Ele escolheu aqueles para os quais mostraria graça irresistível e para os quais a compraria.

A eleição se refere à escolha de Deus quanto aqueles a quem salvaria. É incondicional porque não há nenhuma condição que o homem tenha de satisfazer antes de Deus escolher salvá-lo. O homem está morto em delitos e pecados. Por isso, não há nenhuma condição que ele possa satisfazer antes que Deus escolha salvá-lo de sua morte.

Não estamos dizendo que a salvação final é incondicional. Não é. Por exemplo, temos de satisfazer a condição de fé em Cristo para herdarmos a vida eterna. Mas a fé não é a condição para a eleição. É exatamente o contrário. A eleição é uma condição para a fé. Porque nos escolheu desde a fundação do mundo, Deus comprou a nossa redenção na cruz, nos deu vida espiritual por graça irresistível e nos trouxe à fé.

ELEIÇÃO ANTERIOR À FÉ

Atos 13.48 relata como os gentios responderam à pregação do evangelho em Antioquia da Pisídia. "Os gentios, ouvindo isto, regozijavam-se e glorificavam a palavra do Senhor, e *creram todos os que haviam sido destinados para a vida eterna.*" Observe: o texto não diz que todos os que creram foram escolhidos para serem destinados à vida eterna. Diz que aqueles que foram destinados para a vida eterna (ou seja, aqueles que Deus escolheu) creram. A eleição por parte de Deus precedeu a fé e a tornou possível. Esta é a razão decisiva por que alguns creem e outros não.

De modo semelhante, Jesus disse aos judeus: "Vós não credes porque não sois das minhas ovelhas" (Jo 10.26). Observe novamente: ele não disse: "Vós não sois minhas ovelhas porque não creem". Quem são as ovelhas é algo que Deus resolve antes de chegarmos a crer. Isto é a base e o elemento que capacita o nosso crer. "Vós não credes porque não sois das minhas ovelhas". Cremos porque somos as ovelhas eleitas de Deus, e não o contrário (Ver também João 8.47, 18.37).

INCONDICIONALIDADE EM ROMANOS 9[1]

Em Romanos 9, Paulo enfatizou a incondicionalidade da eleição. Nos versículos 11 e 12, ele descreveu o princípio que Deus usou na escolha de Jacó e não de Esaú: "E ainda não eram os gêmeos nascidos, nem tinham praticado o bem ou o mal (para que o propósito de Deus, quanto à eleição, prevalecesse, não por obras, mas por aquele que chama), já fora dito a ela [Rebeca]: O mais velho será servo do mais moço". A eleição de Deus é preservada em sua incondicionalidade porque foi realizada antes de sermos nascidos ou de havermos feito qualquer bem ou mal.

Sei que alguns intérpretes dizem que Romanos 9 não tem nada a ver com a eleição de *indivíduos* para seus destinos *eternos*, mas apenas trata de pessoas em contexto de coletividade, desempenhando seus papéis históricos. Penso que isto é um erro, principalmente porque não se harmoniza com o problema que Paulo estava abordando no capítulo. Você mesmo pode ver isto ao ler os primeiros cinco versículos de Romanos 9. Quando Paulo disse em Romanos 9.6: "E não pensemos que a palavra de Deus haja falhado", é claro que algo causou a impressão de que as promessas de Deus haviam falhado. O que foi?

A resposta é dada nos versículos 2 e 3. Paulo disse: "Tenho grande tristeza e incessante dor no coração; porque eu

---

[1] Romanos 9 é tão fundamental à doutrina da eleição incondicional que dediquei um livro inteiro aos versículos 1-23: John Piper, *The Justification of God: An Exegetical and Theological Study of Romans 9.1-23* (Grand Rapids: Baker Academic, 1993).

mesmo desejaria ser anátema, separado de Cristo, por amor de meus irmãos, meus compatriotas, segundo a carne". A questão mais profunda que Paulo estava tratando não era por que Israel, como nação, tinha este ou aquele papel histórico, e sim que indivíduos *em Israel* eram anátemas e *separados de Cristo*. Em outras palavras, destinos *eternos individuais* estão realmente em jogo. E a natureza do argumento de Paulo confirma isto, porque a primeira coisa que ele disse, para confirmar que a Palavra de Deus não havia falhado, foi: "Nem todos os de Israel são, de fato, israelitas" (Rm 9.6). Em outras palavras, os indivíduos em Israel que pereciam nunca foram parte do verdadeiro Israel. Em seguida, Paulo mostrou como a eleição incondicional de Deus estava operando *em* Israel.[2]

A incondicionalidade da graça eletiva de Deus é enfatizada novamente em Romanos 9.15-16: "Terei misericórdia de quem me aprouver ter misericórdia e compadecer-me-ei de quem me aprouver ter compaixão. Assim, pois, não depende de quem quer ou de quem corre, mas de usar Deus a sua misericórdia". A própria natureza da misericórdia que necessitamos é uma que desperta e transforma a vontade. Nos capítulos anteriores, concernentes à graça irresistível e à depravação total, vimos que somos incapazes de amar a Deus, confiar em Deus e seguir a Cristo. Nossa única esperança é misericórdia soberana e irresistível. Se isso é verdadeiro, o que Paulo disse nesta passagem faz sentido. Não estamos em condição de merecer

---

[2] Mais argumentos em favor deste entendimento de Romanos 9 são dados em John Piper, *The Justification of God: An Exegetical and Theological Study of Romans 9.1-23*, pp. 38-54.

misericórdia ou de exigir misericórdia. Se tivermos de receber misericórdia, ela virá da resolução espontânea de Deus. Isso é o que Paulo estava dizendo: "Terei misericórdia de quem me aprouver ter misericórdia e compadecer-me-ei de quem me aprouver ter compaixão. Assim, pois, não depende de quem quer ou de quem corre, mas de usar Deus a sua misericórdia".

Em Romanos 11.7, Paulo enfatizou outra vez a natureza individual da eleição dentro de Israel: "O que Israel busca, isso não conseguiu; mas a eleição o alcançou; e os mais foram endurecidos". Portanto, em Romanos 9 a 11 Paulo admitiu que a eleição lida com indivíduos e com destinos eternos, e é incondicional. Há, eu creio, um compromisso pactual divino com o Israel corporativo, mas isso não contradiz nem anula a conotação individual e eterna de Romanos 9. O princípio de incondicionalidade é visto mais claramente em Romanos 9.11. Deus elegeu desta maneira – "Ainda não eram os gêmeos nascidos, nem tinham praticado o bem ou o mal (para que o propósito de Deus, quanto à eleição, prevalecesse...)".

OUTRA AFIRMAÇÃO PODEROSA DA INCONDICIONALIDADE

Efésios 1.3-6 é outra afirmação poderosa da incondicionalidade de nossa eleição e de nossa predestinação para a filiação.

> Bendito o Deus e Pai de nosso Senhor Jesus Cristo, que nos tem abençoado com toda sorte de bênção espiritual nas regiões celestiais em

Cristo, assim como nos escolheu nele antes da fundação do mundo, para sermos santos e irrepreensíveis perante ele; e em amor nos predestinou para ele, para a adoção de filhos, por meio de Jesus Cristo, segundo o beneplácito de sua vontade, para louvor da glória de sua graça.

Alguns intérpretes argumentam que esta eleição antes da fundação do mundo foi apenas uma eleição de Cristo, mas não uma eleição de quais indivíduos estariam realmente em Cristo. Isto equivale a dizer que não há nenhuma eleição incondicional de indivíduos para a salvação. Cristo é apresentado como o escolhido de Deus, e a salvação de indivíduos depende de sua própria iniciativa, para vencerem sua depravação e serem unidos a Cristo pela fé. Deus não os escolhe, e, por isso, Deus não pode convertê-los eficazmente. Pode apenas iniciar a convicção, mas tem de esperar e ver quem proverá o impulso decisivo para despertar a si mesmo dentre os mortos e escolhê-lo.

Esta interpretação não se harmoniza bem com o versículo 11, o qual diz que fomos "predestinados segundo o propósito daquele que *faz todas as coisas conforme o conselho da sua vontade*". Também não se harmoniza com a fraseologia do versículo 4. O significado normal da palavra traduzida por "escolheu", no versículo 4, é selecionar ou pegar de um grupo (ver, por exemplo, Lc 6.13; 14.7; Jo 13.18; 15.16, 19). Portanto, o significado natural do versículo é que Deus escolheu pessoas dentre toda a humanidade, antes da fundação do mundo, por vê-las em relacionamento com Cristo, seu redentor. Esta é a maneira natural de entendermos o versículo.

É verdade que toda a eleição se deu em relação a Cristo. Na mente de Deus, Cristo estava crucificado antes mesmo da fundação do mundo (Ap 13.8). Não haveria eleição de pecadores para a salvação se Cristo não tivesse sido designado para morrer em favor dos pecados deles. Portanto, *nesse sentido*, eles são eleitos *em Cristo*. Mas são *eles* que são escolhidos do mundo para estarem em Cristo.

Igualmente, a fraseologia do versículo 5 sugere a eleição de pessoas para estarem em Cristo e não somente a eleição de Cristo. Literalmente, o versículo diz: "Havendo nos predestinado para a filiação por meio de Jesus Cristo". *Nós* somos os predestinados e não Cristo. Ele é aquele que torna possível a eleição, a predestinação e a adoção de pecadores. Por isso, a nossa eleição é "por meio de Jesus Cristo", mas o versículo não diz que na eleição Deus tinha em vista apenas Cristo. Os cristãos vêm à fé, são unidos a Cristo e cobertos por seu sangue porque foram escolhidos antes da fundação do mundo para este destino de santidade.

TALVEZ O TEXTO MAIS IMPORTANTE

Romanos 8.28-33 talvez seja o texto mais importante de todos em relação ao ensino da eleição incondicional.

> Sabemos que todas as coisas cooperam para o bem daqueles que amam a Deus, daqueles que são cha-

mados segundo o seu propósito. Porquanto aos que de antemão conheceu, também os predestinou para serem conformes à imagem de seu Filho, a fim de que ele seja o primogênito entre muitos irmãos. E aos que predestinou, a esses também chamou; e aos que chamou, a esses também justificou; e aos que justificou, a esses também glorificou. Que diremos, pois, à vista destas coisas? Se Deus é por nós, quem será contra nós? Aquele que não poupou o seu próprio Filho, antes, por todos nós o entregou, porventura, não nos dará graciosamente com ele todas as coisas? Quem intentará acusação contra os eleitos de Deus? É Deus quem os justifica.

Esta passagem é usada frequentemente para argumentar contra a eleição incondicional, com base no versículo 29, que diz: "Aos que de *antemão conheceu*, também os predestinou". Por isso, alguns dizem que pessoas não são eleitas incondicionalmente. São eleitas com base no conhecimento antecipado de sua fé, que elas produzem sem a ajuda da graça irresistível e que Deus viu de antemão.

No entanto, isto não se harmoniza com a maneira como Paulo desenvolveu seu argumento. Oberve que Romanos 8.30 diz: "E aos que predestinou, a esses também chamou; e aos que chamou, a esses também justificou; e aos que justificou, a esses também glorificou". Focalize por um momento o fato de que todos os que Deus chama ele também justifica.

Este chamar, no versículo 30, não é feito para todas as pessoas. A razão, conforme sabemos, é que *todos* os que são chamados são também justificados. Há uma conexão infalível entre chamados e justificados. "Aos que chamou, a esses também justificou". Mas todas as pessoas não são justificadas. Por isso, este chamar, no versículo 30, não é o chamado geral ao arrependimento que os pregadores fazem ou que Deus outorga por meio da glória da natureza. Todos recebem esse chamado. O chamar do versículo 30 é feito somente àqueles que Deus predestinou para serem conformados à imagem de seu Filho (v. 29). É um chamar que leva necessariamente à justificação: "Aos que chamou, a esses também justificou".

Sabemos que a justificação acontece somente por meio da fé. "Concluímos, pois, que o homem *é justificado pela fé*, independentemente das obras da lei" (Rm 3.28. Cf. 5. 1). O que é, então, este chamado feito a todos os que são predestinados e que leva à justificação? Vimos isto antes, no capítulo 4, quando discutimos a graça irresistível. É o chamado de 1Coríntios 1.23-24: "Pregamos a Cristo crucificado, escândalo para os judeus, loucura para os gentios; mas *para os que foram chamados*, tanto judeus como gregos, pregamos a Cristo, poder de Deus e sabedoria de Deus". Em outras palavras, o chamado não é a pregação, visto que é feita para todos os judeus e gentios. Pelo contrário, o chamado acontece por meio da pregação, no coração de alguns ouvintes. Ele os desperta dentre os mortos e muda sua percepção da cruz, para que o aceitem como a sabedoria e o poder de Deus. Em outras palavras, o *chamado* de Romanos 8.30 é a graça irresistível, criadora da fé.

Agora considere de novo o fluxo do pensamento de Paulo em Romanos 8.30. "E aos que predestinou, a esses também chamou; e aos que chamou, a esses também justificou; e aos que justificou, a esses também glorificou". Entre o ato de predestinação e o de justificação, há o ato de chamar. Visto que a justificação é somente pela fé, o chamar em vista tem de ser o ato de Deus pelo qual ele gera a fé. E, visto que sempre resulta em justificação (todos os chamados são justificados), esse ato tem de ser soberano. Ou seja, ele vence a resistência que se coloca no caminho. Portanto, o chamar do versículo 30 é a obra soberana de Deus que traz uma pessoa à fé, pela qual ela é justificada.

Agora, observe a implicação disto no significado de conhecer de antemão, no versículo 29. Quando Paulo disse: "Aos que de antemão conheceu, também os predestinou" (v. 29), suas palavras não podem significar (como muitos tentam fazê-las significar) que Deus conheceu de antemão aqueles que usariam seu livre-arbítrio para virem à fé, para que ele os predestinasse para a filiação, porque fizeram por si mesmos essa livre escolha. Esse não é o significado da afirmação de Paulo, porque acabamos de ver, com base no versículo 30, que a causa decisiva da fé nos justificados não é a vontade humana caída e sim o soberano chamado de Deus.

Deus não conheceu de antemão aqueles que vêm à fé, sem a sua obra de criar a fé, porque tais pessoas não existem. Todo aquele que crê foi "chamado" à fé pela graça soberana de Deus.

Quando Deus olhou desde a eternidade para o futuro e viu a fé dos eleitos, ele viu a sua própria obra. E escolheu fazer incondicionalmente essa obra por pecadores mortos, cegos e rebeldes. Pois não éramos capazes de satisfazer a condição de fé. Somos espiritualmente mortos e cegos.

Portanto, o conhecer de antemão mencionado em Romanos 8.29 não é o mero conhecimento de algo que acontecerá no futuro, sem a predeterminação de Deus. Antes, é o tipo de conhecimento referido em textos do Antigo Testamento como Gênesis 18.19 ("Porque eu o [Abraão] escolhi [literalmente, *conheci*] para que ordene a seus filhos... a fim de que guardem o caminho do SENHOR"), Jeremias 1.5 ("Antes que eu te formasse no ventre materno, eu te *conheci*, e, antes que saísses da madre, te consagrei, e te constituí profeta às nações") e Amós 3.2 ("De todas as famílias da terra, somente a vós outros [Israel] vos *escolhi* [conheci]"). Em um sentido, Deus conhece todas as famílias da terra. Mas o significado aqui é: somente vós, ó Israel, eu escolhi para mim mesmo.

Como disse C. E. B. Cranfield, o conhecer de antemão em Romanos 8.29 é "a graça eletiva de Deus tomando conhecimento especial de uma pessoa". Esse conhecer de antemão é quase o mesmo que eleição: "Porquanto aos que de antemão conheceu (isto é, escolheu), também os predestinou para serem conformes à imagem de seu Filho".

Logo, o que este magnificente texto (Rm 8.28-33) ensina é que Deus realiza a redenção completa de seu povo, desde o começo até ao fim. Ele conhece de antemão (ou seja, elege) um povo para si mesmo, antes da fundação do mundo, predestina este povo para ser conformado à imagem de seu Filho, os chama para si mesmo pela fé, os justifica somente pela fé e, finalmente, os glorifica. E nada pode separá-los do amor de Deus em Cristo, para sempre e sempre (Rm 8.39). A ele seja todo o louvor e a glória!

Se você é um crente em Cristo, é amado por Deus desde toda a eternidade. Ele colocou seu favor sobre você antes da criação do mundo. Ele o escolheu quando o viu em sua condição desesperadora. Ele o escolheu incondicionalmente para si mesmo. Não podemos nos vangloriar de nossa eleição. Isso seria uma profunda incompreensão do significado de incondicionalidade. Quando não tínhamos nada, de maneira alguma, a nos recomendar para com Deus, ele colocou espontaneamente o seu favor sobre nós.

Aconteceu conosco o mesmo que aconteceu na eleição de Israel: "Não vos teve o SENHOR afeição, nem vos escolheu porque fôsseis mais numerosos do que qualquer povo, pois éreis o menor de todos os povos, mas porque o SENHOR vos amava" (Dt 7.7-8). Leia com atenção: ele o ama porque o ama. Ele resolveu fazer isso na eternidade. E, porque o seu amor por você nunca teve um começo, não pode ter fim. O que estamos estudando neste livro é apenas a maneira como Deus realiza este amor eterno na história, para salvar o seu povo próprio e trazer-nos ao gozo eterno dele mesmo. Que Deus o conduza à experiência cada vez mais profunda desta graça soberana e maravilhosa!

Capítulo Seis

PERSEVERANÇA DOS SANTOS

Do que consideramos no capítulo anterior, concluímos que o povo de Deus *perseverará* até ao fim e não se perderá. Os conhecidos de antemão são predestinados; os predestinados são chamados; os chamados são justificados; e os justificados são glorificados (Rm 8.30). Ninguém deste grupo se perde. Pertencer a este povo significa estar eternamente seguro.

No entanto, queremos dizer mais do que isso quando falamos na doutrina da perseverança dos santos. Queremos dizer que os santos têm de perseverar e perseverarão *na fé e na obediência que procede da fé*. A eleição é incondicional, mas a glorificação não o é. Nas Escrituras, há muitas advertências de que aqueles que não se apegam a Cristo podem se perder no final.

As oito teses seguintes são meu resumo desta doutrina crucial.

1. Nossa fé tem de permanecer até ao fim, se devemos ser salvos

Isto significa que o evangelho é o instrumento de Deus na preservação da fé, bem como o instrumento que gera a fé. Não agimos com um tipo de indiferença arrogante para com o chamado à perseverança apenas porque uma pessoa professou a fé em Cristo, como se pudéssemos, baseados em nossa perspectiva, ter certeza de que agora ela está além do alcance do Maligno. Há um combate da fé a ser realizado. Os eleitos realizarão esse combate. E, por meio da graça soberana de Deus, eles vencerão o combate. Temos de permanecer na fé até ao fim, se devemos ser salvos.

Em 1Coríntios 15.1-2, Paulo mostra a necessidade de perseverança: "Irmãos, venho lembrar-vos o evangelho que vos anunciei, o qual recebestes e no qual ainda perseverais; por ele também sois salvos, *se retiverdes a palavra tal como vo-la preguei, a menos que tenhais crido em vão*". Este "se retiverdes" mostra que há um falso começo na vida cristã. Jesus contou a parábola dos solos para advertir contra esses tipos de falso começo.

> O que foi semeado em solo rochoso, esse é o que ouve a palavra e a recebe logo, com alegria; mas não tem raiz em si mesmo, sendo, antes, de pouca duração; em lhe chegando a angústia ou a perseguição por causa da palavra, logo se escandaliza. O que foi semeado entre os espinhos é o que

ouve a palavra, porém os cuidados do mundo e a fascinação das riquezas sufocam a palavra, e fica infrutífera (Mt 13.20-22).

Em outras palavras, como Paulo diz em 1Coríntios 15.2, há um "crer em vão" – que significa um falso crer, um vir a Cristo por razões que não incluem amor por sua glória e ódio ao pecado. Paulo diz: a evidência da genuinidade de nossa fé é o fato de que retemos a Palavra – de que perseveramos.

De modo semelhante, Paulo diz em Colossenses 1.21-23:

> E a vós outros também que, outrora, éreis estranhos e inimigos no entendimento pelas vossas obras malignas, agora, porém, vos reconciliou no corpo da sua carne, mediante a sua morte, para apresentar-vos perante ele santos, inculpáveis e irrepreensíveis, *se é que permaneceis na fé*, alicerçados e firmes, não vos deixando afastar da esperança do evangelho que ouvistes e que foi pregado a toda criatura debaixo do céu, e do qual eu, Paulo, me tornei ministro.

E, outra vez, em 2Timóteo 2.11-12: "Fiel é esta palavra: Se já morremos com ele, também viveremos com ele; *se perseveramos, também com ele reinaremos*".

Nestas palavras, Paulo está seguindo o ensino de Jesus. Jesus disse: "Aquele, porém, que perseverar até ao fim, esse será salvo" (Mc 13.13). E, depois de sua ressurreição, Jesus disse às sete igrejas do Apocalipse: "Ao vencedor, dar-lhe-ei que se alimente da árvore da vida" (Ap 2.7). "Sê fiel até à morte, e dar-te-ei a coroa da vida" (Ap 2.10; cf. 2.17, 25-26; 3.5, 11-12, 21). Isto é o que pretendemos dizer quando falamos em necessidade de perseverança – a afirmação de que *temos de* perseverar.

No entanto, um esclarecimento é conveniente. Perseverar na fé não significa que os santos não passam por tempos de dúvida, trevas espirituais e falta de confiança nas promessas e na bondade de Deus. "Ajuda-me na minha falta de fé" (Mc 9.24) não é uma oração contraditória. Incredulidade pode coexistir com uma fé verdadeira.

Portanto, o que queremos dizer quando afirmamos que a fé tem de perseverar até ao fim é que nunca chegaremos a um ponto de renunciar Cristo com tal dureza de coração que nunca retornaremos, mas, em vez disso, somente provaremos que fomos hipócritas na fé que professamos. Um exemplo desse tipo de dureza é Esaú.

> Atentando, diligentemente, por que ninguém seja faltoso, separando-se da graça de Deus; nem haja alguma raiz de amargura que, brotando, vos perturbe, e, por meio dela, muitos sejam contaminados; nem haja algum impuro ou profano, como foi Esaú, o qual, por um repasto, vendeu o seu direito de primogenitura. Pois sabeis também que, posteriormente, querendo herdar a

bênção, foi rejeitado, pois não achou lugar de arrependimento, embora, com lágrimas, o tivesse buscado (Hb 12.15-17).

Esaú se tornou espiritualmente tão endurecido e insensível em seu amor por este mundo que, quando tentou se arrepender, não pôde. Tudo que ele pôde fazer foi chorar pelas consequências de sua tolice e não pela verdadeira feiura de seu pecado ou pela desonra que lançou sobre Deus, em preferir uma simples refeição ao direito de primogenitura.

Por outro lado, o Novo Testamento se esforça para assegurar-nos para que não desesperemos, pensando que o desvio e a inconstância no pecado é um caminho sem volta. É possível arrepender-se e retornar. Esse processo de desvio e retorno está incluído na "perseverança dos santos". Por exemplo, Tiago disse: "Aquele que converte o pecador do seu caminho errado salvará da morte a alma dele e cobrirá multidão de pecados" (Tg 5.20). E João disse: "Se alguém vir a seu irmão cometer pecado não para morte, pedirá, e Deus lhe dará vida... Toda injustiça é pecado, e há pecado não para morte" (1Jo 5.16-17). O alvo de João, nestas palavras, era dar esperança aos que fossem tentados a desesperar-se e aos que os amavam e oravam por eles. João começou sua epístola da maneira como a terminou: "Se dissermos que não temos pecado nenhum, a nós mesmos nos enganamos, e a verdade não está em nós. Se confessarmos os nossos pecados, ele é fiel e justo para nos perdoar os pecados e nos purificar de toda injustiça" (1Jo 1.8-9).

Portanto, quando falamos da necessidade (e da certeza, como veremos em seguida) de perseverança, não queremos dizer perfeição. E não queremos dizer que não há lutas e incredulidade séria. Temos de guardar em mente tudo que já vimos até aqui neste livro. Pertencer a Cristo é uma realidade sobrenatural, produzida por Deus e preservada por ele (Jr 32.40). Os santos não são marcados mais profundamente pelo que fazem e sim pelo que são. Eles são nascidos de novo. São uma nova criação. Não entram e saem desta novidade. Ela é obra de Deus. É também irrevogável. Mas o seu fruto em fé e em obediência é um combate até ao fim. E a perseverança diz: o combate será realizado e não será perdido no final.

2. A OBEDIÊNCIA, QUE EVIDENCIA A RENOVAÇÃO INTERIOR REALIZADA POR DEUS, É NECESSÁRIA PARA A SALVAÇÃO FINAL

Isto não significa que Deus exige perfeição. Filipenses 3.12 deixa claro que o Novo Testamento não sustenta a exigência de que aqueles que são justificados em Cristo Jesus pela fé sejam impecavelmente perfeitos. "Não que eu o tenha já recebido ou tenha já obtido a perfeição; mas prossigo para conquistar aquilo para o que também fui conquistado por Cristo Jesus" (ver também 1Jo 1.8-10 e Mt 6.12). Todavia, o Novo Testamento exige que sejamos moralmente diferentes e andemos em novidade de vida. Por exemplo:

- "Segui a paz com todos e a santificação, sem a qual ninguém verá o Senhor" (Hb 12.14).

- "Porque, se viverdes segundo a carne, caminhais para a morte; mas, se, pelo Espírito, mortificardes os feitos do corpo, certamente, vivereis" (Rm 8.13).

- "Ora, as obras da carne são conhecidas e são: prostituição, impureza, lascívia, idolatria, feitiçarias, inimizades, porfias, ciúmes, iras, discórdias, dissensões, facções, invejas, bebedices, glutonarias e coisas semelhantes a estas, a respeito das quais eu vos declaro, como já, outrora, vos preveni, que não herdarão o reino de Deus os que tais coisas praticam" (Gl 19-21; ver também Ef 5.5 e 1Co 6.10).

- "Ora, sabemos que o temos conhecido por isto: se guardamos os seus mandamentos. Aquele que diz: Eu o conheço e não guarda os seus mandamentos é mentiroso, e nele não está a verdade. Aquele, entretanto, que guarda a sua palavra, nele, verdadeiramente, tem sido aperfeiçoado o amor de Deus. Nisto sabemos que estamos nele: aquele que diz que permanece nele, esse deve também andar assim como ele andou" (1Jo 2.3-6; ver também 1Jo 3.4-10, 14; 4.20).

- "Disse, pois, Jesus aos judeus que haviam crido nele: Se vós permanecerdes na minha palavra, sois verdadeiramente meus discípulos" (Jo 8.31; ver também Lc 10.28; Mt 6.14-15; 18.35; Gn 18.19; 22.16-17; 26.4-5; 2Tm 2.19).

Novamente, deve haver cautela para que ninguém entenda estas passagens no sentido de perfeccionismo. A Primeira Epístola de João foi escrita para nos ajudar a manter nosso equilíbrio bíblico neste assunto. Por um lado, ela diz: "Todo aquele que é nascido de Deus não vive na prática de pecado; pois o que permanece nele é a divina semente; ora, esse não pode viver pecando, porque é nascido de Deus" (1Jo 3.9). Entretanto, por outro lado, ela diz: "Se dissermos que não temos [não "tivemos", mas temos] pecado nenhum, a nós mesmos nos enganamos, e a verdade não está em nós" (1Jo 1.8) e: "Filhinhos meus, estas coisas vos escrevo para que não pequeis. Se, todavia, alguém pecar, temos Advogado junto ao Pai, Jesus Cristo, o Justo" (1Jo 2.1).

A perseverança dos santos não é a garantia da perfeição e sim de que Deus nos manterá combatendo o combate da fé, para que odiemos nosso pecado e nunca façamos paz duradoura com ele.

3. Os eleitos de Deus não podem ser perdidos

Esta é a razão por que cremos na eterna segurança – ou seja, a segurança eterna dos eleitos. A implicação é que Deus operará de tal modo em nós, que todos aqueles que ele escolheu para a salvação eterna serão capacitados por ele a perseverarem na fé até ao fim, e cumprirão, pelo poder do Espírito Santo, os requisitos quanto a um novo tipo de vida.

Vimos antes, em Romanos 8.30, a inalterável corrente de obras divinas: "E aos que predestinou, a esses também chamou; e aos que chamou, a esses também justificou; e aos que justificou, a esses também glorificou". O que é evidente neste versículo é que aqueles que são chamados de maneira eficaz à esperança da salvação perseverarão realmente até ao fim e serão glorificados. Não há abandonos nesta sequência. Estas são promessas de Deus arraigadas, em primeiro lugar, na eleição incondicional e na graça soberana, que produz a conversão e a perseverança que consideramos antes. Os elos na corrente são inquebráveis, porque a obra salvadora de Deus é infalível, e seus compromissos na nova aliança são irrevogáveis.

Outra vez, Paulo estava seguindo os ensinos de seu Senhor, Jesus Cristo.

> As minhas ovelhas ouvem a minha voz; eu as conheço, e elas me seguem. Eu lhes dou a vida eterna; jamais perecerão, e ninguém as arrebatará da minha mão. Aquilo que meu Pai me deu é maior do que tudo; e da mão do Pai ninguém pode arrebatar. Eu e o Pai somos um (Jo 10.27-30; ver também Ef 1.4-5).

Vimos antes que ser um ovelha de Jesus significa ser escolhido por Deus e dado ao Filho. Em outras palavras, a promessa de Jesus de não perder nenhuma de suas ovelhas é o compromisso soberano do Filho de Deus em preservar na fé os eleitos, pelos quais ele deu a sua vida.

4. Há um desviar-se de alguns crentes, mas, se persistirem no erro, mostram que sua fé não era genuína e que não eram nascidos de Deus

Em 1João 2.19, o apóstolo disse: "Eles saíram de nosso meio; entretanto, não eram dos nossos; porque, se tivessem sido dos nossos, teriam permanecido conosco; todavia, eles se foram para que ficasse manifesto que nenhum deles é dos nossos". De maneira semelhante, a parábola dos quatro solos, conforme interpretada em Lucas 8.9-14, retrata pessoas que, "ouvindo a palavra, a recebem com alegria; estes não têm raiz, creem apenas por algum tempo e, na hora da provação, se desviam".

O fato de que tal coisa seja possível justifica por que o ministério do evangelho em cada igreja local precisa conter muitas admoestações aos membros da igreja, para perseverarem na fé e não se deixarem enredar com aquelas coisas que talvez possam sufocá-los e resultar em sua condenação. Os pastores não sabem infalivelmente quais dos seus ouvintes são solo bom e quais são solo mau. Suas exortações e advertências são a maneira de ajudar os santos a perseverarem. Eles ouvem as advertência, dão-lhes atenção e, assim, autenticam seu humilde e bom coração de fé.

5. Deus nos justifica completamente por meio do primeiro ato genuíno de fé salvadora – este é o tipo de fé que persevera e produz fruto na "obediência por fé"

Aqui, o argumento é que a ênfase sobre a necessidade de fé perseverante e obediência não significa que Deus espera ver nossa obediência e perseverança antes de nos declarar totalmente justos, em união com Jesus Cristo. Romanos 5.1 diz que fomos "justificados... mediante a fé". É um ato passado. No momento em que cremos em Jesus, somos unidos a Cristo. Em união com ele, sua justiça é contada como nossa. Paulo disse que almejava "ser achado nele, não tendo justiça própria, que procede de lei, senão a que é mediante a fé em Cristo, a justiça que procede de Deus, baseada na fé" (Fp 3.9).

A base de nossa aceitação diante de Deus é somente Cristo – seu sangue e sua justiça. "Aquele que não conheceu pecado, ele o fez pecado por nós; para que, nele, fôssemos feitos justiça de Deus" (2Co 5.21). "Por meio da obediência de um só, muitos se tornarão justos" (Rm 5.19). O papel de nossa fé não é a realização de algo virtuoso que Deus recompensa com salvação. A fé é receber de Cristo, que realizou o que não podíamos, uma punição por nosso pecado e uma provisão de nossa perfeição. A fé não é o fundamento de nossa aceitação e sim o meio ou o instrumento da união com Cristo, que, sozinho, é o fundamento de nossa aceitação diante de Deus.

O papel da obediência em nossa justificação é dar evidência de que nossa fé é autêntica. Obras de amor não são a base de nossa aceitação inicial e final diante de Deus. A função dessas obras é validar e tornar pública a obra soberana de Deus em dar-nos o novo nascimento e criar o novo coração de fé. Paulo afirmou isso nas seguintes palavras: "Em Cristo Jesus, nem a circuncisão, nem a incircuncisão têm valor algum, mas a fé que atua pelo amor" (Gl 5.6). Na justificação, o que tem valor para Deus é o tipo de fé que atua pelo amor. Não é o nosso amor que leva Deus a ser totalmente por nós. Deus é totalmente por nós pela fé em Cristo, que nos capacita a amar. O amor é um fruto do Espírito. E recebemos o Espírito por meio de nosso primeiro ato de fé (Gl 3.2).

Portanto, a necessidade de perseverança na fé e na obediência para a salvação final não significa que Deus espera até ao fim para que nos aceite, nos adote e nos justifique. Não lutamos a luta da fé para que Deus seja totalmente por nós. Isso aconteceu em nossa união com Cristo, em nosso primeiro ato de fé. Pelo contrário, lutamos porque Deus é totalmente por nós. Paulo o expressou nestes termos: "Prossigo para conquistar aquilo para *o que também fui conquistado por Cristo Jesus*" (Fp 3.12). Cristo nos tornou povo seu. É por isso que continuamos a lutar. No julgamento final *de acordo com* as obras (e não *com base em* obras), o valor dessas obras em relação à justificação, no tribunal divino, será o de evidência pública da fé invisível e da união com Cristo. Cristo será o único fundamento de nossa aceitação, tanto naquela ocasião quanto agora.

6. As obras de Deus fazem seus eleitos perseverarem

Não lutamos a luta da fé sozinhos, e nossa segurança está alicerçada no amor soberano de Deus, que realiza o que nos chamou a fazer. Os textos seguintes são todos expressões da nova aliança que consideramos no capítulo 5. Jesus comprou para nós todas as promessas de Deus quando derramou seu sangue (Lc 22.20; 2Co 1.20).

Uma das mais preciosas de todas as promessas relaciona a nova aliança ao compromisso absoluto de Deus em fazer-nos perseverar: "Farei com eles aliança eterna, segundo a qual não deixarei de lhes fazer o bem; *e porei o meu temor no seu coração, para que nunca se apartem de mim*" (Jr 32.40). Esta promessa reaparece em muitas expressões maravilhosas no Novo Testamento:

- "Sois guardados pelo poder de Deus, mediante a fé, para a salvação preparada para revelar-se no último tempo" (1Pe 1.5).

- "Ora, àquele que é poderoso para vos guardar de tropeços e para vos apresentar com exultação, imaculados diante da sua glória, ao único Deus, nosso Salvador, mediante Jesus Cristo, Senhor nosso, glória, majestade, império e soberania, antes de todas as eras, e agora, e por todos os séculos. Amém" (Jd 24-25).

- "O mesmo Deus da paz vos santifique em tudo; e o vosso espírito, alma e corpo sejam conservados íntegros e irrepreensíveis na vinda de nosso Senhor Jesus Cristo. Fiel é o que vos chama, o qual também o fará" (1Ts 5.23-24).

- "Estou plenamente certo de que aquele que começou boa obra em vós há de completá-la até ao Dia de Cristo Jesus" (Fp 1.6).

- "O qual [Jesus Cristo] também vos confirmará até ao fim, para serdes irrepreensíveis no Dia de nosso Senhor Jesus Cristo. Fiel é Deus, pelo qual fostes chamados à comunhão de seu Filho Jesus Cristo, nosso Senhor" (1Co 1.8-9).

- "Ora, o Deus da paz, que tornou a trazer dentre os mortos a Jesus, nosso Senhor, o grande Pastor das ovelhas, pelo sangue da eterna aliança, vos aperfeiçoe em todo o bem, para cumprirdes a sua vontade, operando em vós o que é agradável diante dele, por Jesus Cristo, a quem seja a glória para todo o sempre. Amém" (Hb 13.20-21).

Às vezes, eu pergunto às pessoas: por que você crê que acordará como um cristão amanhã de manhã? Por que acha que terá a fé salvadora quando acordar amanhã? Pergunto isto para testar o tipo de opinião da pessoa quanto à perseverança. A resposta bíblica não é: sei que escolherei crer amanhã de manhã. Estou comprometido com Jesus. Essa é uma confiança muito frágil.

A resposta se acha em todos estes textos. Deus é fiel. Deus agirá em mim. Deus me guardará. Deus completará a sua obra até ao final. A resposta é o agir contínuo de Deus e não o meu compromisso constante. Quando faço esta pergunta, estou sondando se a pessoa tem a opinião de que a segurança eterna é como uma vacinação. Recebemos nossa vacina quando fomos convertidos e não podemos mais pegar a doença de incredulidade. Essa é uma analogia enganadora porque subentende que o processo de preservação é automático, sem a obra contínua do grande médico. A perseverança não é como uma vacinação, e sim como um programa de terapia vitalício em que o grande médico nos acompanha durante todo o tratamento. Ele nunca nos abandonará (Hb 13.5). Essa é a maneira de perseverarmos. É a maneira pela qual temos segurança.

7. Portanto, devemos ser zelosos em confirmar nossa vocação e eleição

O livro de 2Pedro nos diz:

> Por isso, irmãos, procurai, com diligência cada vez maior, confirmar a vossa vocação e eleição; porquanto, procedendo assim, não tropeçareis em tempo algum. Pois desta maneira é que vos será amplamente suprida a entrada no reino eterno de nosso Senhor e Salvador Jesus Cristo (1.10-11).

O ensino de Pedro não é que nosso chamado e eleição são frágeis e precisam ser amparados. Com base em Romanos

8.29-30, vimos claramente que o chamado e a eleição são as realidades mais firmes sob o poder de Deus. São elos inquebráveis na corrente da salvação.

O que Pedro quer dizer é isto: sejam zelosos em manter sua segurança quanto ao chamado e à eleição, e em confirmá-las continuamente, por andarem no gozo delas. Pedro explica nos versículos anteriores que Deus nos deu, "pelo seu divino poder", "todas as coisas que conduzem à vida e à piedade, pelo conhecimento completo daquele que nos chamou para a sua própria glória e virtude" (2Pe 1.3). Deus não nos deixou entregues a nós mesmos para confirmarmos nosso chamado e eleição.

Por meio de poder divino, crescemos na fé, na virtude, no conhecimento, no domínio próprio, na perseverança, na piedade, na fraternidade e no amor (2Pe 1.5-7). Em outras palavras, fazemos esforços zelosos para crermos tão profundamente nas promessas e no poder de Deus, que o pecado é mortificado em nossa vida pelo Espírito e o alvo do amor é seguido com alegria. A fé atuando pelo amor (Gl 5.6) é a maneira de confirmarmos nosso chamado e eleição.

8. A PERSEVERANÇA É UM PROJETO DE COMUNIDADE

Deus nunca tencionou que lutássemos sozinhos a luta da fé. Devemos lutar uns pelos outros. Uma das afirmações mais admiráveis de Paulo sobre a perseverança dos eleitos é 2Timóteo 2.10: "Tudo suporto por causa dos eleitos, para que também eles obtenham a salvação que está em Cristo Jesus, com eterna glória". Para muitos, isto é impressionante. Já não é certo que os eleitos obterão a salvação na glória final? Sim, é. Aqueles que Deus justificou, a esses ele glorificou.

No entanto, a pergunta trai uma suposição que este último ponto tenta remover – a suposição de que certos resultados implicam que não há necessidade de nos esforçarmos em direção a eles. Isto é um engano. A salvação é certa para os eleitos de Deus. Ela não falhará. Todavia, um dos meios que Deus ordenou para confirmarmos a salvação é a parceria humana que nos fortalece na luta da fé. Paulo viu seu ministério da Palavra como essencial à perseverança dos eleitos.

Considere um exemplo simples. Suponha que Deus predestinou que um prego seja fixado numa tábua e tenha a cabeça nivelada à tábua. É certo que isto acontecerá. Deus é Deus, e ele planejou isso. Mas isso significa que ele é indiferente a martelos? Não. De fato, Deus também ordenou que a maneira como o prego entrará na tábua é por ser batido com um martelo.

De modo semelhante, os eleitos certamente serão salvos no final, com glória eterna. Isso significa que Deus é indiferente ao ministério da Palavra em levá-los à glória? Não. Deus o tornou essencial. E a razão por que isso não destrói a certeza de salvação é que Deus é tão soberano em relação aos meios quanto em relação ao fins.

Vemos esta verdade aplicada a todos nós em Hebreus 3.12-13:

Tende cuidado, irmãos, jamais aconteça haver em qualquer de vós perverso coração de incredulidade que vos afaste do Deus vivo; pelo contrário, exortai-vos mutuamente cada dia, durante o tempo que se chama Hoje, a fim de que nenhum de vós seja endurecido pelo engano do pecado.

Deus não deixará nenhum de seus eleitos cair na destruição. Contudo, a maneira como ele nos guardará de cair (Jd 24) é por exortação mútua de outros irmãos em nossa vida. Este é um dos tributos mais elevados que talvez sejam pagos à igreja. Deus ordena o corpo de Cristo como o meio de seu guardar infalível dos eleitos.

Terminamos este capítulo com a esperança e o desejo de que você se aprofunde cada vez mais na graça do Deus de graça perseverante. Se você permanecer nesta verdade e deixá-la penetrar em sua alma, descobrirá que a certeza da graça de Deus, que cumpre a aliança para você, é um fundamento muito maior, mais forte e mais prazeroso do que qualquer opinião de segurança eterna que a torna impessoal e automática, como uma vacinação. Saber que Deus o escolheu, o chamou, lhe deu fé, nunca o abandonará, o preservará e o apresentará inculpável na presença de sua glória, com grande alegria – essa segurança traz gozo, força e coragem invencíveis à sua vida. Que Deus o aprofunde cada vez mais na graça divina da perseverança.

Capítulo Sete

O QUE OS CINCO PONTOS SIGNIFICAM PARA MIM UM TESTEMUNHO PESSOAL

Estes dez pontos são meu testemunho pessoal sobre os efeitos de crer nos cinco pontos do calvinismo – as doutrinas da graça.

1. ESTAS VERDADES ME FAZEM PERMANECER EM TEMOR A DEUS E ME LEVAM À PROFUNDEZA DA VERDADEIRA ADORAÇÃO CENTRADA EM DEUS

Lembro a primeira vez que vi, enquanto ensinava Efésios no *Bethel College*, no final dos anos 1970, a afirmação tríplice do alvo de toda a obra de Deus, ou seja, "para louvor da glória de sua graça" (Ef 1.6, 12, 14).

Isto me levou a entender que não podemos enriquecer a Deus e que, portanto, sua glória resplandece mais intensamente, não quando tentamos satisfazer suas necessidades, e sim quando somos mais satisfeitos nele, como a essência de nossas necessidades. "Porque dele, e por meio dele, e para ele são todas as coisas. A ele, pois, a glória eternamente" (Rm 11.36). A adoração se torna um fim em si mesmo.

Isto me fez ver quão insignificante e inadequado sou em minhas afeições, para que os salmos de anseio se tornem reais e intensifiquem a adoração.

2. Estas verdades ajudam a proteger-me de brincar com as coisas divinas

Uma das desgraças de nossa cultura é banalidade, atratividade, esperteza. A televisão é um dos principais sustentadores de nosso vício em superficialidade e trivialidade. E Deus é envolvido nisto. Por essa razão, tendemos a brincar com as coisas divinas.

Seriedade não é abundante em nossos dias. Pode ter sido no passado. E, sim, há em nossos dias desequilíbrios em certas pessoas que não parecem ser capazes de relaxar e falar sobre o clima. Todavia, parece-me que a maior tristeza em nossos dias é a incapacidade das pessoas de serem reverentes. Parece que elas nunca sentem temor ante a grandeza de Deus. Só conhecem um tipo de relacionamento: casual. Esta é uma incapacidade trágica e empobrecedora.

Robertson Nicole disse sobre Spurgeon:

> Evangelização do tipo humorístico [podemos dizer, crescimento de igreja do tipo legal, agradável, esperto, divertido e especialista em merca-

do] pode atrair multidões, mas deixa a alma nas cinzas e destrói a própria essência do cristianismo. Aqueles que não conhecem o Sr. Spurgeon consideram-no frequentemente um pregador humorístico. Na verdade, não houve nenhum pregador cujo tom fosse mais uniformemente sério, reverente e solene.[1]

A grandeza de Deus, que se manifesta das doutrinas da graça, tem sido um lastro firme em meu navio. Ela me dá grande alegria e protege meu coração da praga da tolice.

3. Estas verdades me deixam admirado de minha própria salvação

Depois de expor a grande salvação operada por Deus, em Efésios 1, Paulo ora, na última parte do capítulo, suplicando que o efeito dessa teologia seja a iluminação de nosso coração, para nos maravilharmos com "a esperança do seu chamamento... a riqueza da glória da sua herança nos santos e... a suprema grandeza do seu poder para com os que cremos" (Ef 1.18-19). Em outras palavras, Paulo roga que experimentemos o que ele acabara de ensinar. Que nosso coração seja capaz de assimilar o que realmente aconteceu conosco.

Todo motivo de vanglória é excluído. Alegria e gratidão humilde abundam.

---

[1] Citado em Iain Murray, *The Forgotten Spurgeon* (Edinburg: Banner of Truth Trust, 1973), p. 38.

A piedade de Jonathan Edwards se torna saliente aqui. Quando Deus nos dá um vislumbre de sua própria majestade e de nossa própria impiedade, a vida cristã se torna algo muito diferente da piedade convencional. Edwards descreveu isso com beleza quando disse:

> Os desejos dos santos, embora sinceros, são desejos humildes; a sua esperança é uma esperança humilde; e sua alegria, mesmo indizível e cheia de glória, é alegria contrita e humilde e torna o cristão mais pobre de espírito, mais semelhante a uma criancinha e mais disposto a uma singeleza universal de comportamento.[2]

4. Estas verdades me fazem alerta para os substitutos centrados no homem que passam por boas novas

Em meu livro *The Pleasures of God*[3] [Os Prazeres de Deus], mostro que no século XVIII, na Nova Inglaterra, o afastamento da soberania de Deus levou ao arminianismo e, deste, ao universalismo e, deste, ao unitarianismo. A mesma coisa aconteceu na Inglaterra no século XIX depois de Spurgeon.

Em seu livro *Jonathan Edwards: A New Biography* [Jonathan Edwards: Uma Nova Biografia], Iain Murray documenta a mesma coisa:

---

[2] *Religious Affections*, New Haven: Yale University Press, 1959, pp. 339-40.
[3] John Piper, *The Pleasures of God*, ed. rev. (Colorado Springs, Co: Multnomah Books, 2012), p. 129.

Convicções calvinistas definharam na América do Norte. No progresso do declínio que Edwards tinha previsto corretamente, aquelas igrejas congregacionais da Nova Inglaterra, que haviam adotado o arminianismo após o Grande Avivamento, se moveram gradualmente para o unitarianismo e o universalismo, lideradas por Charles Chauncy.[4]

Em *Quest for Godliness* [Busca por Piedade], escrito por J. I. Packer, você também pode ler como Richard Baxter abandonou estes ensinos e como a geração seguinte teve uma colheita horrível em sua igreja, em Kidderminster.[5]

Estas doutrinas são uma proteção contra muitas formas de ensinos centrados no homem, os quais corrompem gradualmente a igreja e enfraquecem-na por dentro, à medida que ela busca parecer forte e popular. A igreja de Deus, ensinada corretamente, deve ser "coluna e baluarte da verdade" (1Tm 3.15). Isso é o que estas verdades têm sido para mim.

5. Estas verdades me fazem gemer pela enfermidade indescritível de nossa cultura secular que menospreza a Deus

Quase não posso ler um jornal ou um artigo de notícias do *Google*, ou assistir a um anúncio de TV, ou ver um *outdoor* sem o

---

4 Iain Murray, *Jonathan Edwards: A New Biography* (Edinburgh: Banner of Truth, 1987), p. 454.

5 J. I. Packer, *Quest for Godliness* (Wheaton, IL.: Crossway Books, 1990), p. 160.

sentimento de preocupação de que Deus está ausente. Quando Deus é a principal realidade no universo, mas é tratado como uma irrealidade, estremeço em face da ira que está sendo acumulada. Ainda sou capaz de ficar chocado. E você? Muitos cristãos estão sedados com a mesma droga de ignorar a Deus que o mundo consome. Alguns acham que o fato de que Deus é negligenciado é uma virtude, e inventam nomes cínicos para as pessoas que falam de Deus em relação a tudo. Estas doutrinas são um antídoto poderoso contra essa negligência e esse cinismo.

Os cristãos existem para reafirmar a realidade e a supremacia de Deus em toda a vida. Portanto, necessitamos de um grande avivamento. Estas verdades me mantêm ciente disso e me impelem a orar por isso. Somente uma obra soberana de Deus pode fazê-lo acontecer.

6. Estas verdades me tornam confiante de que Deus terminará – tanto global quanto pessoalmente – a obra que ele planejou e começou

É supremamente preciosa a verdade de que Deus usará todo o seu poder soberano para me guardar para si mesmo. Conheço o meu coração. Entregue a si mesmo, o meu coração é orgulhoso, egocêntrico e uma fábrica de ídolos. Poucas orações me são mais necessárias do que esta:

> Oh! Quão grande devedor à graça
> Dia a dia sou constrangido a ser!

> Que a tua bondade, como algema,
> Prenda a ti meu coração vagante.
>
> Inclinado a vagar, Senhor, eu o sinto,
> Inclinado a deixar o Deus que amo;
> Eis o meu coração, toma-o e sela-o,
> Sela-o para as tuas cortes no céu.

Sim, eu preciso – e quero – que Deus me prenda a si mesmo cada dia. Que ele me sele, me cative, me guarde, me segure firmemente. E as doutrinas da graça são a satisfação perfeita para estes desejos. Isto é exatamente o que Deus prometeu fazer por mim. "Porei o meu temor no seu coração, para que nunca se apartem de mim" (Jr 32.40). "Eu... te sustento com a minha destra fiel" (Is 41.10). Deito-me à noite tranquilo e confiante de que pela manhã serei um crente seguro, não por causa de meu livre-arbítrio, e sim por causa da livre graça de Deus. Isto vale muito mais do que milhões de dólares.

7. Estas verdades me fazem ver tudo à luz dos propósitos soberanos de Deus – que dele, por ele e para ele são todas as coisas; a ele seja a glória para sempre e sempre

Por meio das lentes destas doutrinas, eu vejo que tudo na vida se relaciona com Deus e que ele é o começo, o meio e fim de tudo. Não há parte da vida em que ele não seja importante. Deus é aquele que dá significado a tudo (1Co 10.31).

Ver o propósito de Deus sendo realizado na Escritura e ouvir Paulo dizer que Deus "faz todas as coisas conforme o conselho da sua vontade" (Ef 1.11), me faz ver o mundo desta maneira. A realidade se torna supercarregada com Deus. Ele é a glória que permeia tudo que existe. Tudo é dele e para ele. As palavras de Jonathan Edwards me emocionam porque expressam magnificamente a implicação das doutrinas da graça:

> No conhecer a Deus, estimá-lo, considerá-lo, amá-lo, regozijar-se nele e louvá-lo por parte da criatura, a glória de Deus é tanto *exibida* quanto *reconhecida*; a plenitude de Deus é *recebida* e *retornada*. Nisto, há tanto uma *emanação* quanto um *retorno da emanação*. A refulgência brilha sobre e na criatura, sendo refletida de volta ao luzeiro. Os raios de glória vêm de Deus, são algo de Deus e são devolvidos à sua origem. Portanto, tudo é *de* Deus, *em* Deus e *para* Deus. Ele é o começo, o meio e o fim.[6]

8. Estas verdades me tornam esperançoso de que Deus tenha a vontade, o direito e o poder de responder a oração, para que pessoas sejam mudadas

A segurança para a oração é o fato de que Deus pode desfazer e mudar as coisas – incluindo o coração humano. Ele

---

6 Jonathan Edwards, *The End for Which God Created the World*, p. 275, em John Piper, *God's Passion for His Glory* (Wheaton, Illinois: Crossway Books, 1998), p. 248.

pode mudar a vontade na direção contrária. "Santificado seja o teu nome" (Mt 6.9) significa: faze as pessoas que não santificam o teu nome santificarem-no. "Que a palavra do Senhor se propague e seja glorificada" (2Ts 3.1) significa: faze os corações serem abertos para o evangelho. Isso foi o que Deus fez por mim em resposta às orações de meus pais. Isso é o que oro alegremente em favor de outros.

Tomo as promessas da nova aliança e rogo a Deus que as faça acontecer na vida de pessoas e nas fronteiras missionárias ao redor do mundo. E a razão por que oro desta maneira é que Deus tem o direito e o poder de fazer estas coisas. Nenhuma autonomia humana o impede.

> "Ó Deus, tira da sua carne o coração de pedra e dá-lhes coração de carne" (Ez 11.19).

> "Senhor, circuncida o seu coração para que te amem" (Dt 30.6).

> "Pai, coloca o teu Espírito neles e faze que andem nos teus estatutos" (Ez 36.27).

> "Senhor, dá-lhes o arrependimento e o conhecimento da verdade, para que sejam livres dos laços do Diabo" (2Tm 2.25-26).

> "Pai, abre o seu coração para que creiam no evangelho" (At 16.14).

A oração é a prática em que muitos cristãos parecem calvinistas. A maioria dos cristãos sinceros ora com a suposição de que Deus tem o direito e o poder, não somente de curar corpos humanos e alterar circunstâncias naturais, mas também de transformar soberanamente o coração humano. Em outras palavras, a oração se baseia na capacidade de Deus de vencer a resistência humana. Isso é o que lhe pedimos que faça. Esse fato significa que a doutrina da graça irresistível é a grande esperança de oração respondida na vida de pessoas por cuja salvação eu suplico.

9. Estas verdades me lembram de que a evangelização é totalmente essencial para que pessoas conheçam a Cristo e sejam salvas e que há grande esperança de sucesso em levar pessoas à fé, mas que a conversão não é, em última análise, dependente de mim ou limitada pela dureza do incrédulo

As doutrinas da graça tornam possível a evangelização entre pessoas espiritualmente mortas. Sem a soberana graça de Deus, podemos estar pregando em um cemitério. E *estamos* realmente pregando em um cemitério. Isso é o que o mundo é. A verdade da depravação total significa que a pregação da cruz é loucura para o homem natural, que "não pode entendê-las, porque elas se discernem espiritualmente" (1Co 2.14). Portanto, a evangelização só faz sentido à luz das doutrinas da graça. Cremos realmente que Deus ressuscita os mortos.

E sabemos que ele usa os meios humanos para fazer isso. "Fostes regenerados não de semente corruptível, mas de incorruptível, *mediante a palavra de Deus, a qual vive e é permanente*" (1Pe 1.23). A obra soberana de Deus em dar nova vida ao coração humano que não tem vida espiritual é "mediante a palavra de Deus". E Pedro acrescentou: "Esta é a palavra que vos foi evangelizada" (1Pe 1.25). É o evangelho. Este é o poder de Deus para a salvação (Rm 1.16).

Portanto, as doutrinas da graça dão esperança de evangelização nos lugares mais difíceis. Morto é morto. Muçulmanos, hindus ou europeus materialistas, pós-cristãos, empedernidos não são mais mortos do que qualquer outro "homem natural". E Deus faz o impossível. Ele dá vida a mortos (Ef 2.1-6). Quando lidou com a dureza do jovem rico, Jesus disse: "Isto é impossível aos homens, mas para Deus tudo é possível" (Mt 19.26).

Quando penso na tarefa inacabada de missões mundiais, não desespero. Em vez disso, ouço Jesus dizer: "Ainda tenho outras ovelhas, não deste aprisco; a mim me convém conduzi-las; elas ouvirão a minha voz; então, haverá um rebanho e um pastor" (Jo 10.16). Jesus não disse: elas talvez ouçam, mas: elas *ouvirão*. Por isso, eu digo: isto não pode falhar. As doutrinas da graça inflamaram missões na vida de William Carey, David Livingstone, Adorniram Judson, Henry Martyn, John Paton e milhares de outros. E esse é o efeito que tem causado em mim, à medida que tento fazer minha parte em promover a grande obra de missões mundiais.

10. Estas verdades me asseguram que Deus triunfará no final

> Lembrai-vos das coisas passadas da antiguidade: que eu sou Deus, e não há outro, eu sou Deus, e não há outro semelhante a mim; que desde o princípio anuncio o que há de acontecer e desde a antiguidade, as coisas que ainda não sucederam; que digo: o meu conselho permanecerá de pé, farei toda a minha vontade (Is 46.9-10).

A essência desta questão é que Deus é Deus. Ele é totalmente soberano e gracioso além de toda analogia humana. Deus não deixou o mundo a perecer em seu pecado. Ele planejou, está realizando e completará a grande salvação para seu povo e sua criação. Deus tem feito isto com sabedoria e amor infinitos. Isso significa que ele o tem feito para ter glória em nós, enquanto temos gozo nele. E isso não falhará: "O conselho do Senhor dura para sempre" (Sl 33.11).

Capítulo Oito

TESTEMUNHOS CONCLUSIVOS

O alvo deste livro é persuadir a mente quanto a verdade bíblica e, assim, despertar uma experiência mais profunda da soberana graça de Deus. Estou sempre ciente da terrível afirmação "Até os demônios creem e tremem" (Tg 2.19). Em outras palavras, é possível alguém ser persuadido dessa realidade em outro nível. Jonathan Edwards disse que há duas maneiras de sabermos se o material viscoso e amarelado na tigela é doce. Você pode deduzir da cor, do cheiro e das partículas de favo que aquilo é mel e, depois, saber, por inferência, que é doce porque o mel é doce. Ou você pode prová-lo. Minha oração é que a doçura da soberana graça de Deus não seja apenas inferida, mas também provada.

Espero que você tenha a doce experiência de descansar no poderoso conforto destas verdades. Quero que você sinta o tremendo incentivo de amor, justiça e missões abnegadas que flui destas verdades. Desejo que sua experiência de conhecer a soberana graça de Deus e de crer nela seja tal que Deus tenha grande glória em sua vida.

Para esta finalidade, reuni alguns testemunhos a respeito do que estas verdades significaram para alguns grandes cristãos do passado. Para aqueles que conhecem verdadeiramente as doutrinas da graça, elas nunca foram especulações da mente e sempre têm sido poder para o coração e a vida.

AGOSTINHO DE HIPONA (354-430)

Um milênio antes da Reforma, Agostinho provou a soberania da graça de Deus em sua própria vida. Ele foi convertido admiravelmente pela graça irresistível de Deus depois de levar uma vida dissoluta. E escreveu em suas *Confissões* (X, 40):

> Não tenho nenhuma esperança, senão na tua grande misericórdia. Dá o que ordenas e ordena o que quiseres. Tu nos ordenas continência... Verdadeiramente, por continência somos mantidos juntos e trazidos de volta àquela unidade da qual fomos dissipados numa pluralidade. Pois te ama pouquíssimo aquele que ama qualquer outra coisa junto contigo, a qual ele ama não por amor a ti. Ó amor que queima e nunca se apaga! Ó caridade, meu Deus, inflama-me! Tu ordenas continência. Dá o que ordenas e ordena o que quiseres.[1]

---

1 Citado em *Documents of the Christian Church*, ed. Henry Bettenson (London: Oxford

Estas são as palavras de um homem que amava a verdade da graça irresistível, porque sabia que era totalmente incompleto sem ela. Mas também em suas cartas doutrinárias, ele incutia esta verdade amada (*Epístola ccxvii*, a Vitalis):

> Se, como prefiro pensar em seu caso, você concorda conosco em supor que estamos fazendo nosso dever em orar a Deus, como é nosso costume, em favor daqueles que se recusam a crer, para que sejam dispostos a crer, e em favor daqueles que resistem e se opõem à sua lei e doutrina, para que creiam nela e sigam-na; se você concorda conosco em pensar que estamos fazendo nosso dever em dar graças a Deus, como é nosso costume, por essas pessoas quando são convertidas... Então, admitirá certamente que a vontade de homens é movida antecipadamente, pela graça de Deus, e que é Deus quem os faz querer o bem que recusavam; porque Deus é aquele a quem pedimos que faça isso, e sabemos que é apropriado e correto dar-lhe graças por fazer isso.

Para Agostinho, a verdade da graça irresistível era o fundamento de suas orações em favor da conversão dos perdidos e de seu agradecimento a Deus quando eles eram convertidos.

University Press, 1967), p. 54.

Jonathan Edwards (1703-1758)

Jonathan Edwards, o grande pregador e teólogo da Nova Inglaterra, tinha um amor igualmente profundo por estas verdades. Quando tinha 26 anos de idade, ele escreveu sobre o dia em que se apaixonou pela soberania de Deus:

> Tem havido uma maravilhosa alteração em minha mente no que diz respeito à doutrina da soberania de Deus, desde aquele dia até este... A soberania absoluta de Deus... é aquilo de que minha mente está tão segura como de qualquer coisa que vejo com os olhos... A doutrina tem-se mostrado, muito frequentemente, bastante prazerosa, doce, brilhante. Soberania absoluta é o que amo atribuir a Deus... Tenho sempre visto a soberania de Deus como uma grande parte da sua glória. Frequentemente, o meu deleite é achegar-me a Deus e adorá-lo como um Deus soberano.[2]

George Whitefield (1714-1770)

Edwards chorou francamente quando Whitefield pregou em sua igreja, por possuir profundo amor pela mensagem pregada. Whitefield era um grande evangelista e disse: "Aceito o esquema calvinista não por causa de Calvino, e sim porque Jesus Cristo o ensinou para mim".[3]

---

[2] "Personal Narrative", citado em *Jonathan Edwards, Selections* (New York: Hill & Wang, 1935), p. 59.
[3] Arnold Dallimore, *George Whitefield*, Vol. 1 (Edinburgh: Banner of Truth Trust, 1970), p. 406.

Ele apelou a John Wesley que não se opusesse às doutrinas do calvinismo:

> Não posso suportar o pensamento de opor-me a você; mas, como posso evitá-lo, se você trabalha (como disse certa vez seu irmão Charles) para expulsar João Calvino de Bristol. Infelizmente, nunca li qualquer coisa que Calvino escreveu; minhas doutrinas, eu as obtive de Cristo e de seus apóstolos. Eu as aprendi de Deus.[4]

Foram estas crenças que o encheram de zelo pela evangelização:

> As doutrinas de nossa eleição e de nossa justificação gratuita em Cristo Jesus são diariamente incutidas cada vez mais em meu coração. Enchem a minha alma com um fogo santo e me proporcionam grande confiança em Deus, meu Salvador. Espero que possamos inflamar uns aos outros e que haja uma santa emulação entre nós, de modo que menosprezemos o homem e exaltemos o Senhor Jesus. Nada, exceto as doutrinas da Reforma, pode fazer isto. Todas as outras deixam o livre-arbítrio no homem e o tornam, em parte, pelo menos, um salvador para si mesmo.

---

4 *Ibid.*, p. 574.

Ó minha alma, não entre nos segredos daqueles que ensinam tais coisas... Eu sei que Cristo é tudo em todos. O homem é nada; ele tem livre-arbítrio para ir ao inferno, mas não para ir ao céu, enquanto Deus não opera nele o querer e o fazer segundo a sua boa vontade. Oh! Quão excelentes as doutrinas da eleição e da perseverança final dos santos! Estou convencido de que, enquanto um homem não chega a crer e a sentir estas importantes verdades, ele não pode sair de si mesmo, mas, quando convencido destas verdades e seguro de sua aplicação ao seu próprio coração, então, ele começa realmente a andar pela fé![5]

GEORGE MUELLER (1805-1898)

George Mueller é famoso pelos orfanatos que fundou e pela fé admirável que ele tinha para suplicar a provisão de Deus. Não muitas pessoas conhecem a teologia que fundamentou seu grande ministério. Entre os seus 20 e 30 anos (1829), Mueller teve uma experiência que ele registrou nestes termos:

> Antes deste tempo [quando cheguei a valorizar a Bíblia como meu único padrão de julgamento], eu me opusera muito às doutrinas da eleição, da redenção particular (expiação limitada) e da graça da

---
5   *Ibid.*, p. 407.

perseverança final. Mas fui levado a examinar estas verdades preciosas pela Palavra de Deus. Sendo tornado disposto a não ter nenhuma glória de mim mesmo na conversão de pecadores e a considerar a mim mesmo apenas como um instrumento e, sendo tornado disposto a receber o que as Escrituras diziam, fui à Palavra, lendo o Novo Testamento desde o começo, com referência específica a estas verdades. Para minha grande surpresa, descobri que as passagens que falavam decididamente em favor da eleição e da graça da perseverança eram quatro vezes mais do que as passagens que aparentemente falavam contra estas verdades; e mesmo essas poucas, depois de breve tempo, quando as examinei e as entendi, serviram para me confirmar nas doutrinas referidas. Quanto ao efeito que minha crença nestas doutrinas teve sobre mim, sou constrangido a dizer, para a glória de Deus, que, embora eu ainda seja excessivamente fraco e não seja tão morto quanto poderia ou deveria ser para a concupiscência da carne, a concupiscência dos olhos e a soberba da vida, apesar disso, pela graça de Deus, tenho andado mais intimamente com ele desde aquele tempo. Minha vida não tem sido tão instável e posso dizer que tenho vivido muito mais para Deus do que antes.[6]

---

6 *Autobiography* (London: J. Nisbet & Co., 1906), pp. 33-34.

Charles Spurgeon (1834-1892)

Charles H. Spurgeon foi contemporâneo de George Mueller. Ele foi o pastor do Tabernáculo Metropolitano em Londres e o mais famoso pastor de seus dias – e um batista. Sua pregação foi poderosa em ganhar almas para Cristo. Mas, qual era o seu evangelho, que cativava a atenção de muitas pessoas cada semana e levou muitos ao Salvador?

> Tenho minha própria opinião de que não existe pregar a Cristo e ele crucificado, se não pregamos o que hoje é chamado de calvinismo. Chamá-lo de calvinismo é dar-lhe um apelido; calvinismo é o evangelho e nada mais. Não creio que podemos pregar o evangelho... Se não pregamos a soberania de Deus em sua outorga da graça e se não exaltamos o amor de Jeová, eletivo, inalterável, eterno, imutável e conquistador; também não penso que pregamos o evangelho se não o fundamentamos na redenção especial e particular (expiação limitada) de seu povo eleito e escolhido, a qual Cristo realizou na cruz; também não compreendo um evangelho que deixa os santos caírem depois de serem chamados.[7]

Spurgeon nem sempre acreditava nestas verdades. Ele relata sua descoberta destas verdades aos 16 anos de idade:

---
7 *Autobiography*, Vol. 1 (Edinburgh: Banner of Truth Trust, 1962, orig. 1897), p. 168.

Nascido, como todos o somos por natureza, como um arminiano, ainda acreditava nas velhas coisas que eu ouvira continuamente do púlpito e não entendia a graça de Deus. Quando estava me achegando a Cristo, pensei que o estava fazendo por mim mesmo; e, embora buscasse o Senhor sinceramente, não tinha a menor ideia de que era o Senhor quem estava me buscando... Posso recordar o dia em que recebi, pela primeira vez, essas verdades em minha própria alma – o dia em que elas foram, como disse John Bunyan, gravadas em meu coração como por um ferro quente... Uma noite, quando estava sentado na casa de Deus, eu não pensava muito no sermão do pregador, porque não acreditava no sermão. O pensamento me ocorreu: "Como você chegou a ser um cristão?" Eu busquei o Senhor. "Mas, como você chegou a buscar o Senhor?" A verdade resplandeceu em minha mente num momento – eu não o teria buscado, se não tivesse havido alguma influência anterior em minha mente que me fez buscá-lo. Orei, pensava eu, mas, então, perguntei a mim mesmo: como cheguei a orar? Fui induzido a orar pela leitura das Escrituras. Como cheguei a ler as Escrituras? Eu as li. Mas, o que me levou a fazer isso? Então, num momento, percebi que Deus estava por trás de tudo aquilo e que ele era o autor de minha fé. E, assim, toda a doutrina se tornou clara para mim; e desta doutrina não me tenho apartado até hoje. E desejo que esta seja a minha confissão constante: "Atribuo a minha mudança totalmente a Deus".[8]

Spurgeon começou uma escola de pastores e era focalizado no fato de que o segredo para ser um mestre digno na igreja era assimilar estas doutrinas da graça.

O arminianismo é, portanto, culpado de doutrinas confusas e de agir como um obstáculo a uma compreensão clara e lúcida da Escritura; porque afirma erroneamente e ignora o propósito eterno de Deus e perturba o significado de todo o plano de redenção. De fato, a confusão é inevitável sem esta verdade fundamental [a eleição]. Sem ela, há uma falta de unidade de pensamento, e, falando em termos gerais, eles não têm nenhuma ideia de um sistema de teologia. É quase impossível fazer de um homem um teólogo se não começarmos com esta doutrina [a doutrina da eleição]. Se quiser, você pode colocar um jovem crente numa escola bíblica por anos, mas, se não lhe mostrar este plano fundamental da aliança eterna, ele fará pouco progresso, porque

---

8 *Ibid.*, pp. 164-165.

seus estudos não terão coerência; ele não verá como uma verdade se harmoniza com outra e como todas as verdades se harmonizam juntas... Pense em qualquer área rural em toda a Inglaterra. Você achará homens pobres a fazerem cercas e valas, mas que têm melhor conhecimento de teologia do que metade daqueles que saem de faculdades e seminários, pela simples razão de que aqueles homens aprenderam em sua juventude o sistema no qual a eleição é o centro e descobriram, depois, que sua própria experiência se harmoniza exatamente com esse sistema.[9]

---

9 Charles Spurgeon, "Effects of Sound Doctrine", sermão pregado no domingo à noite, 22 de abril de 1860, na *New Park Street Chapel*.

Capítulo Nove

UM APELO FINAL

É conveniente que encerremos este livro sobre as doutrinas da graça rogando a você, leitor, que receba o Cristo magnificente, que é o autor eterno destas doutrinas. Atente ao belíssimo apelo feito por J. I. Packer, um grande defensor contemporâneo destas doutrinas:

> À pergunta "O que devo fazer para ser salvo?" o velho evangelho [calvinismo] responde: creia no Senhor Jesus Cristo. Para a pergunta seguinte: "O que significa crer no Senhor Jesus?", a sua resposta é: significa reconhecer a si mesmo como pecador e que Cristo teve de morrer por pecadores; abandonar toda a justiça própria e toda a autoconfiança, lançando-se a si mesmo totalmente sobre ele, para receber perdão e paz;

e trocar a inimizade e a rebelião naturais contra Deus por um espírito de grata submissão à vontade de Cristo, por meio da renovação do coração pelo Espírito Santo. À pergunta seguinte: "o que eu faço para crer em Cristo e me arrepender, se não tenho nenhuma habilidade natural para fazer estas coisas?", o velho evangelho responde: olhe para Cristo, fale com Cristo, clame por Cristo, como você é; confesse o seu pecado, sua impenitência, sua incredulidade e se lance sobre a misericórdia de Cristo; peça a Cristo que lhe dê um novo coração, operando em você o verdadeiro arrependimento e fé inabalável; peça-lhe que tire o seu coração mau de incredulidade e escreva a lei de Deus em sua alma, para que deste momento em diante você nunca se afaste dele. Volte-se para Cristo e creia nele, da melhor maneira que lhe for possível, e peça-lhe graça para se voltar e confiar mais totalmente nele; use esperançosamente os meios de graça, aguardando que Cristo se achegue a você, à media que procura se aproximar dele. Ore, vigie, leia a Palavra de Deus, adore e tenha comunhão com o povo de Deus e continue nisso até que você saiba, por si mesmo, com certeza, que é realmente uma pessoa mudada, um crente que se arrepende e que o novo coração que você desejava lhe foi dado.[1]

---

1 J. I. Packer, *Quest for Godliness* (Wheaton: Crossway, 1994), p. 144.

Deixe Charles Spurgeon guiá-lo em oração:

Junte-se a mim em oração, neste momento, eu lhe suplico. Junte-se a mim enquanto coloco as palavras em seus lábios e as pronuncio em seu favor: "Senhor, eu sou culpado, mereço a tua ira. Senhor, não posso salvar a mim mesmo. Senhor, quero ter um novo coração e um espírito reto. Mas o que posso fazer? Senhor, não posso fazer nada; vem e opera em mim o querer e o realizar segundo a tua boa vontade".

> Tu somente tens o poder, eu sei,
> Para salvar um ímpio como eu;
> A quem ou aonde eu deveria ir,
> Se para longe de Ti me afastasse?

Mas, agora, de minha própria alma, invoco o teu nome. Tremendo, porém crendo. Lanço-me totalmente sobre ti, ó Senhor. Creio na justiça e no sangue de teu Filho amado... Senhor, salva-me agora mesmo, por amor a Jesus.[2]

---

2 Citado em Iain Murray, *The Forgotten Spurgeon* (Edinburgh: Banner of Truth Trust, 1973), pp. 101-102.

FIEL
MINISTÉRIO

O Ministério Fiel visa apoiar a igreja de Deus, fornecendo conteúdo fiel às Escrituras através de conferências, cursos teológicos, literatura, ministério Adote um Pastor e conteúdo online gratuito.

Disponibilizamos em nosso site centenas de recursos, como vídeos de pregações e conferências, artigos, e-books, audiolivros, blog e muito mais. Lá também é possível assinar nosso informativo e se tornar parte da comunidade Fiel, recebendo acesso a esses e outros materiais, além de promoções exclusivas.

Visite nosso site

www.ministeriofiel.com.br

Esta obra foi composta em Chaparral Pro 11.8, e impressa na
Promove Artes Gráficas sobre o papel Pólen Natural 70g/m²,
para Editora Fiel, em Outubro de 2024